Justus von Destinon

Die Quellen des Flavius Josephus

I. Die Quellen der Archäologie, Buch XII - XVII, Jüd. Krieg B. I.

Justus von Destinon

Die Quellen des Flavius Josephus
I. Die Quellen der Archäologie, Buch XII - XVII, Jüd. Krieg B. I.

ISBN/EAN: 9783743632158

Hergestellt in Europa, USA, Kanada, Australien, Japan

Cover: Foto ©ninafisch / pixelio.de

Weitere Bücher finden Sie auf **www.hansebooks.com**

Die Quellen

des

Flavius Josephus

von

Justus von Destinon,

Dr. phil.

I.

Die Quellen der Archäologie Buch XII—XVII = Jüd. Krieg B. I.

Kiel.

Lipsius & Tischer.

1882.

Die Quellen

des

Flavius Josephus

in der

Jüd. Arch. Buch XII—XVII = Jüd. Krieg Buch I.

von

Justus von Destinon,

Dr. phil.

Kiel.

Lipsius & Tischer.

1882.

Benedictus Niese

gewidmet.

Die folgenden Untersuchungen waren zum grössten Teil ausgearbeitet, als Dr. Heinr. Blochs »Quellen d. Jos. in der Archäologie« (Leipzig 1879 Teubner) veröffentlicht wurde. Bei ihrer Beurteilung möge man daher nicht ausser Acht lassen, dass sie sich auf einem bis dahin fast ganz vernachlässigten Gebiet bewegten.

Die genannte Schrift, über deren Wert ich mein Urteil in der durch den Raum gebotenen Kürze im Lit. Central-Blatt 1879 No. 41 ausgesprochen habe, hat mir keinen Anlass zu irgend einer Modificierung meiner Ergebnisse gegeben. Ebensowenig hat das die »Erwiderung« gethan, welche Bloch als Beilage zu den N. Jahrb. f. Phil. u. Paedag. 1879 veröffentlichte. Den ungeziemenden Ton dieser Erwiderung habe ich in der jetzt unausbleiblichen Polemik zu vermeiden gesucht, obgleich die anmassende Sicherheit, mit welcher auch dort unerwiesene Behauptungen aufgestellt werden, vielleicht eine schärfere Zurückweisung verdient hätte.

Kiel, December 1881.

Destinon.

Das XI[te] Buch der Ἰουδαϊκὴ ἀρχαιολογία des Flavius Josephus beginnt mit der Rückführung des israelitischen Volkes aus der Gefangenschaft und erzählt bis XI., 8, 1 seine Schicksale während der Dauer der Abhängigkeit vom persischen Reich. Der Schluss des XI[ten] Buches berichtet von den Beziehungen, in die nach dem Umsturz der orientalischen Verhältnisse durch den Zug Alexander des Grossen die Israeliten zu den Eroberern getreten sein sollen. Mit dem Tode Alexanders angehend, schildert dann das XII[te] Buch die wechselnden Zustände, welche die Lage des kleinen Volkes zwischen den beiden mächtigen Nachbarreichen Aegypten und Syrien herbeiführte, bis es durch die Herrschaft des Seleuciden Antiochus Epiphanes von einer vollständigen Vernichtung seiner Nationalität bedroht wurde. Mit XII, 6, 1 beginnt die Darstellung der Freiheitskämpfe unter der Führung der Hasmonäer; das XIII[te] enthält die Geschichte ihrer Nachkommen bis zum Tode der Königin Alexandra. Das Ringen der letzten Fürsten aus diesem Geschlechte mit den Idumäern, aus dem das Königtum des Herodes hervorgeht, und die Geschichte dieses Regenten bildet den Inhalt der folgenden Bücher bis XVII, 8, 3.

Parallel mit der Darstellung der Archäologie läuft die Erzählung im I[sten] Buch des Πόλεμος Ἰουδαϊκός. Sie beginnt mit der Zeit des Antiochus Epiphanes. Anfangs in kurzen Zügen die Hauptereignisse dem Leser vorführend, nimmt sie allmälich an Ausführlichkeit zu und nähert sich schon mit der Regierung Simons dem Umfange der Darstellung in der Archäologie.

Von der Untersuchung über das Verhältnis dieser beiden parallelen Berichte zu einander hat die Forschung nach den Quellen des Josephus in der Archäologie auszugehen.

I.

Die Archäologie und der Jüdische Krieg.

Der Polemos giebt die Geschichte des jüdischen Volkes bis zu seinem Verzweiflungskampf mit der römischen Macht gewissermassen als Einleitung, um die Entstehung und den Verlauf des gewaltigen Krieges aus der Vorgeschichte zu erklären. Die Archäologie sollte ihren Lesern ein Bild von der gesammten geschichtlichen Entwickelung der Israeliten in möglichster Vollständigkeit geben. Um dies Ziel zu erreichen, hat Josephus dort die Geschichte der auswärtigen Staaten, mit denen die Juden hauptsächlich politisch in Berührung kamen, stets berücksichtigt. Im Polemos fehlen die hierher gehörigen Abschnitte; ebenso fehlen dort die fortlaufenden Angaben über die Geschichte des hohenpriesterlichen Amtes. Für dasjenige, was nachbleibt — und das ist bei weitem der grösste Teil der ganzen Darstellung — sind im Polemos und in der Archäologie die nämlichen Quellen benutzt worden.

Bei dem Umfange der Darstellung lässt sich die Richtigkeit dieser Behauptung hier auf dem Papier nicht beweisen. Sie ergiebt sich aber bei einer genauen Vergleichung der beiden Berichte unzweifelhaft und gilt ohne Beschränkung für die ganze Erzählung von dem Ausbruch der Makkabäerkämpfe an bis zum Tode des Herodes.[1])

Bis zu der Regierung Simons (d. h. von Pol. I., 1 — ungefähr I., 2, 2) berichtet Josephus, wie schon oben erwähnt, die

[1]) Ich bemerke hier ausdrücklich, dass dies nach meiner Ueberzeugung auch für den Anfang des Jüdischen Kriegs gilt. Man muss bei der Untersuchung allerdings nicht vergessen, dass, sobald ein Geschichtschreiber seine Vorlage zu verkürzen und zusammenzuziehen anfängt — und das hat Josephus in dieser Partie in einem ausserordentlich hohen Grade gethan — Irrtümer und Verwechselungen unausbleiblich sind. Es lässt sich mit Bestimmtheit nachweisen, dass den Berichten im Polemos und in der Archäologie die Darstellung des Makkabäer-Buchs zu Grunde

Ereignisse in gedrängter Uebersicht. Es versteht sich daher ganz von selbst, dass er bei der eingehenden Schilderung dieser Periode, wie wir sie Arch. XII., 5, 2 — XIII., 7, 1 erhalten, wieder auf die Quelle zurückgegangen sein muss. Für die folgenden Zeiten ist aber die Ausführlichkeit in beiden Berichten mit Ausnahme einzelner Abschnitte gleich gross. Es liegt nahe zu vermuten, Josephus habe der grösseren Bequemlichkeit halber einfach den Bericht des Polemos wiedergegeben. Und wenn man an Stellen wie

Pol. I., 3, 1:

μετὰ δὲ τὴν τοῦ πατρὸς τελευτὴν ὁ πρεσβύτερος αὐτῶν Ἀρ. τὴν ἀρχὴν εἰς βασιλείαν μεταθείς, περιτίθεται μὲν διάδημα πρῶτος μετὰ τετρακοσιοστόν καὶ ἑβδομηκοστὸν πρῶτον ἔτος, πρὸς

Arch. XIII., 11, 1:

τελευτήσαντος γὰρ αὐτοῖς τοῦ πατρός, ὁ πρεσβύτατος Ἀρ. τὴν ἀρχὴν εἰς βασιλείαν μεταθεῖναι δόξας (ἔκρινεν γὰρ οὕτω) διάδημα πρῶτος ἐπιτίθεται μετὰ τετρακοσίων ἀριθμὸν ἐτῶν καὶ

---

liegt, wenn sie auch in Einzelnheiten verstümmelt und entstellt sind. Grade bei der grössten Differenz — über die Ereignisse des Jahres 168 — ist dies evident der Fall. Man vergleiche

B. J. I., 1, 2:

καὶ Βακχίδης ὁ πεμφθεὶς ὑπ' Ἀντιόχου φρούραρχος, τῇ φυσικῇ προσλαβὼν ὠμότητι τὰ ἀσεβῆ παραγγέλματα . . . . ruft den Aufstand hervor.

A. J. XII., 5, 4:

συνέβη δὲ μετὰ δύο ἔτη . . . μετὰ πολλῆς δυνάμεως ἀναβῆναι τὸν βασιλέα εἰς Ἱερ., καὶ προσποιησάμενον εἰρήνην ἀπάτῃ περιγενέσθαι τῆς πόλεως. Seine Verfolgung gegen die Frommen ruft den Aufstand hervor.

I. Makk. - B. I., 29

καὶ μετὰ δύο ἔτη ἡμερῶν ἀπέστειλεν ὁ βασιλεὺς ἄρχοντα φορολογίας εἰς τὰς πόλεις Ἰούδα καὶ ἦλθεν εἰς Ἱερ. ἐν ὄχλῳ βαρεῖ καὶ ἐλάλησεν αὐτοῖς λόγους εἰρηνικοὺς ἐν δόλῳ . . . er bemächtigt sich so der Stadt, führt die Befehle des Königs aus und ruft dadurch den Aufstand hervor.

Wie man sieht, begegnen sich Polemos und I. Makk.-B. darin, dass sie Antiochus nicht selbst hinziehen lassen. Daraus geht hervor, dass die abweichende Darstellung in der Archäologie auf einem Irrtum beruhen muss; in der weiteren Erzählung tritt auch hier die persönliche Anwesenheit des Königs nicht weiter hervor. Andererseits berichten Archäologie und Makkabäer-Buch übereinstimmend, dass die Syrier sich der Hauptstadt auf hinterlistige Weise bemächtigt haben.

Die übrigen Abweichungen im Polemos betreffen eine Zahlangabe (B. J. I. 1, 5 = A. J. XII., 9, 3) und den Namen des Ortes, wo Judas seinen Tod fand. Vgl. hierüber Grimm zu I. Makk.-B. IX., 5. Die letzten Thaten Judas sind dort in wenige Zeilen zusammengefasst. —

δὲ μῆνας τρεῖς, ἐξ οὗ κατῆλθεν ὁ λαὸς εἰς τὴν χώραν ἀπαλλαγεὶς τῆς ἐν Βαβυλῶνι δουλείας· τῶν δὲ ἀδελφῶν τὸν μὲν μεθ' ἑαυτὸν Ἀντίγ. (ἐδόκει γὰρ ἀγαπᾶν) ἦγεν ἰσοτίμως, τοὺς δ' ἄλλους εἵργνυσι δήσας. δεσμεῖ δὲ καὶ τὴν μητέρα διενεχθεῖσαν περὶ τῆς ἐξουσίας (ταύτην γὰρ δὴ κυρίαν τῶν ὅλων ὁ Ἰωάννης ἀπολελοίπει), καὶ μέχρι τοσαύτης ὠμότητος προῆλθεν ὥστε καὶ λιμῷ διαφθεῖραι δεδεμένην.	ὀγδοήκοντα (?) καὶ ἑνὸς καὶ μηνῶν τριῶν ἀφ' οὗ τῆς ἀπὸ Β. δουλείας ἀπαλλαγεὶς ὁ λαὸς εἰς τὴν οἰκείαν ἐπανῆλθε. στέργων δὲ τῶν ἀδελφῶν τὸν μετ' αὐτὸν Ἀντίγ., τοῦτον μὲν τῶν ὁμοίων ἠξίου, τοὺς δ' ἄλλους εἶχεν ἐν δεσμοῖς· εἶρξε δὲ καὶ τὴν μητέρα περὶ τῆς ἀρχῆς αὐτῷ διενεχθεῖσαν (ἐκείνην γὰρ Ὑρκανὸς τῶν ὅλων κυρίαν καταλελοίπει) καὶ μέχρι τοσαύτης ὠμότητος προῆλθεν ὥστ' αὐτὴν καὶ λιμῷ διαφθεῖραι δεδεμένην.

eine ganze Reihe von aufeinander folgenden Sätzen auch im Wortlaut übereinstimmen sieht, so scheint das nur dazu beitragen zu können, die Vermutung zu bestärken. In Wahrheit aber liegt die Sache anders: Die Darstellung des Jüdischen Kriegs hat Josephus bei der Abfassung der Archäologie nicht vor Augen gehabt; beide Berichte sind unabhängig von einander aus denselben Quellen entnommen.

Dies Resultat ist für unsere weiteren Untersuchungen in mannichfacher Beziehung von Wichtigkeit. Es stützt sich auf eine doppelte Beobachtung. Im Polemos hat Josephus offenbar das Bestreben gehabt sich kürzer zu fassen; trotzdem giebt er dort an vielen Stellen mehr als die Archäologie bietet. Andrerseits finden wir in der letzteren, selbst da, wo im Uebrigen der äussere Umfang der Erzählung dem des Polemos gleichkommt, Detailangaben, welche in dem Parallelbericht fehlen. Und wenn nun auch die erste Erscheinung an und für sich vereinbar ist mit der Annahme einer einfachen Wiedergabe des Polemos, so weist sie doch im Verein mit der zweiten Beobachtung unzweifelhaft auf ein solches Quellenverhältnis hin, wie wir es oben characterisiert haben. Die Vermutung nämlich, Josephus habe die in der Archäologie stehenden Zusätze aus einer zweiten Quelle genommen, wird durch ihre Beschaffenheit ebenso entschieden von der Hand gewiesen, wie der Verdacht, er habe seine Phantasie walten lassen.

Die Unabhängigkeit von dem Polemos erstreckt sich über den ganzen Umfang des Abschnittes der Archäologie, dessen Untersuchung uns beschäftigt. Aus der Fülle der vorhandenen Beweisstellen will ich hier einige zusammenstellen.

Arch. XIII., 15, 2:	Pol. I., 4, 8:
στρατεύσας δ' ἐκεῖθεν ἐπὶ τὴν Ἰουδαίαν (Aretas von Syrien) καὶ περὶ Ἄδδιδα χωρίον μάχῃ νικήσας Ἀλέξανδρον, ἐπὶ συνθήκαις ἀνεχώρησεν ἐκ τῆς Ἰουδαίας.	στρατεύεται δὲ οὗτος ἐπὶ τὴν Ἰουδαίαν, καὶ μάχῃ νικήσας Ἀ. κατὰ συνθήκας ἀνεχώρησεν.

Arch. XIII., 14, 2: Die Grausamkeit Alexanders scheint zu entschuldigen zu sein, weil er ἐταλαιπωρήθη τοῖς πρὸς αὐτὸν πολέμοις . . . ., οὐκ ἀρκουμένων (die Unterthanen) ἀγωνίζεσθαι κατὰ σφᾶς αὐτούς, ἀλλὰ καὶ ἀλλοφύλους ἐπαγόντων, καὶ τὸ τελευταῖον εἰς τοῦτο ἀνάγκης ἀγόντων ὥστε ἣν κατεστρέψατο γῆν ἐν Μωαβίτιδι καὶ Γαλααδίτιδι καὶ τὰ ἐν αὐτῇ χωρία τῶν Ἀράβων τῷ βασιλεῖ παραδοῦναι κτλ.

Der Inhalt fehlt Pol. I., 4, 6.

Arch. XIII., 15, 1:	Pol. I., 4, 7:
τεῖχός τε ἐγείρας καὶ πύργους ἀναστήσας ξυλίνους καὶ μεσοπύργια ἐπὶ σταδίους ἑκατὸν πεντήκοντα τὸν Ἀντίοχον ἐξεδέχετο.	πρὸ δὲ τῆς τάφρου τεῖχος ἤγειρεν ὑψηλὸν καὶ ξυλίνους πύργους ἐνετεκτήνατο . . .
Arch. XIII., 15, 5:	
μετὰ ταῦτα Ἀλέξανδρος ὁ βασιλεὺς ἐκ μέθης εἰς νόσον καταπεσὼν . . . . οὐκ ἀπέστη τῶν στρατειῶν, ἕως οὗ τοῖς πόνοις ἐξαναλωθεὶς ἀπέθανεν ἐν τοῖς Γερασηνῶν ὅροις, πολιορκῶν Ῥαγαβᾶ φρούριον πέραν τοῦ Ἰορδάνου.	Die Ortsangabe fehlt Pol. I., 4, 8.

Arch. XIII., 16, 4:	
κατὰ δὲ τοῦτον τὸν καιρὸν ἀγγέλλεται Τιγράνης ὁ τῶν Ἀρμενίων βασιλεὺς ἅμα μυριάσι στρατιωτῶν πεντήκοντα ἐμβεβληκὼς εἰς τὴν Συρίαν.	Die Zahlangabe fehlt Pol. I., 5, 3.

An verschiedenen Stellen erhalten wir in der Archäologie Städteverzeichnisse. Ihre Vergleichung mit den Parallelstellen des Jüdischen Krieges ist lehrreich. In der Reihe der von Pompeius den Juden genommenen Ortschaften (Archäologie XIV., 4, 4: Pol. I, 7, 7) fehlt im Pol. Dios; da im Uebrigen völlige Uebereinstimmung herrscht, selbst in der Reihenfolge der Namen, so mag man an ein Versehen beim Abschreiben denken. Anders liegt die Sache Archäologie XIV., 5, 3 = Pol. I, 8, 4. Hier erhalten wir folgende beiden Listen:

Arch.:	Pol.:
Samareia	Scythopolis
Asdod	Samareia
Scythopolis	Anthedon
Anthedon	Apollonia
Raphia	Jamneia
Dora	Raphia
Marissa	Marissa
Gaza	Dora (Ἀδώρεος)
καὶ ἄλλαι οὐκ ὀλίγαι.	Gamala
	Asdod
	ἄλλαι τε πολλαί.

Beide Listen weisen offenbar auf ein vollständigeres Verzeichnis in der gemeinsamen Quelle hin, bei dessen Wiedergabe Josephus verschieden verfahren ist.

Noch lehrreicher ist

Arch. XIV., 11, 2:	Pol. I. 11, 2:
καὶ τέσσαρας πόλεις ἐξανδραποδίζεται Κάσσιος, ὧν ἦσαν αἱ	Γόφναν γοῦν καὶ Ἀμμαοῦν καὶ δύο ἑτέρας τῶν ταπει-

δυνατώταται Γόφνα τε καὶ Ἐμμαοῦς, πρὸς ταύταις δὲ Λύδδα καὶ Θαμνά.	νοτέρων ἐξανδραποδισάμενος. .
A. J. XIV., 6, 2: συνέλεξε (Alexander S. d. Aristobul) ταχὺ μυρίους μὲν ὁπλίτας, πεντακοσίους δὲ πρὸς τοῖς χιλίοις ἱππεῖς, Ἀλεξάνδρειόν τε ὀχύρου, τὸ πρὸς ταῖς Κορέαις ἔρυμα, καὶ Μαχαιροῦντα πρὸς τοῖς Ἀραβίοις ὄρεσιν.	B. J. I., 8, 2: δύναμιν πλείω συνέλεγεν ὡς γενέσθαι μυρίους μὲν ὁπλίτας χιλίους δὲ καὶ πεντακοσίους ἱππεῖς, καὶ τὰ ἐπιτήδεια τῶν χωρίων ἐπετείχιζεν, Ἀλεξάνδρειόν τε καὶ Ὑρκάνειον καὶ Μαχαιροῦντα πρὸς τοῖς Ἀραβίοις ὄρεσιν.
A. J. XIV., 6, 2: (Alex. S. d. Aristobul) στρατεύματι μεγάλῳ τὴν χώραν ἐπερχόμενος ἔκτεινε πάντας ὅσους ἐπιτύχοι τῶν Ῥωμαίων εἰς τὸ ὄρος τὸ καλούμενον Γαριζεὶν συμφυγόντας.	B. J. I., 8, 7: . . . μεγίστην δὲ συγκροτήσας δύναμιν ὥρμητο πάντας τοὺς κατὰ τὴν χώραν Ῥωμαίους ἀνελεῖν.
A. J. XIV., 11, 3: αἰσθόμενος δὲ ἐκεῖνος (Antipater) ἐχώρει πέραν Ἰορδάνου καὶ στρατὸν Ἀράβιον ἅμα καὶ ἐγχώριον συνήθροιζε.	B. J. I., 11, 3: Die gesperrten Wörter fehlen.
A. J. XIV., 11, 7: . . . ἕως οὗ Φασάηλος δι' αὐτοῦ Ἕλικος κρείττων γενόμενος κατακλείει μὲν αὐτὸν εἰς πύργον, εἶτα δὲ ὑπόσπονδον ἀφίησι.	B. J. I., 12, 1: κἀν τούτῳ Φασάηλος καθ' ἑαυτὸν Ἕλικος περιγενόμενος (Ὑρκανὸν ὠνείδιζεν). . .
A. J. XIV., 15, 11: (Herodes) ὡς ὀκτακοσίους μὲν τῶν αὐτόθι προσλαμβάνων, ἔχων δὲ Ῥωμαϊκὸν ἓν τάγμα, εἰς	B. J. I., 17, 3: . . . . μεθ' ὧν οὐ περιμείνας ἡμέραν εἰς τὴν Γαλιλαίαν ἐνέβαλεν . . .

Πτολεμαΐδα παραγίνεται κἀκεῖθεν νυκτὸς ἀναστὰς μετὰ τοῦ στρατοῦ πρόεισι διὰ τῆς Γαλιλαίας.	

Man vergleiche ferner folgende Zahlenangaben:

A. J. XIV., 13, 5:	B. J. I., 13, 3:
..... *καταλιπὼν διακοσίους ἱππεῖς καὶ δέκα τῶν ἐλευθέρων λεγομένων*...	..... *καταλιπὼν παρ' Ἡρώδῃ τινὰς τῶν ἐλευθέρων καλουμένων ἱππέων*...
A. J. XIV., 16, 2:	B. J. I., 18, 2:
ἀναβαίνουσι δὲ ἐπὶ τὸ τεῖχος πρῶτον μὲν λογάδες εἴκοσι, ἔπειτα ἑκατόνταρχοι Σοσσίου.	... *ἕως τῶν Ἡρώδου τινὲς ἐπιλέκτων ἐπιβῆναι τοῦ τείχους* ...., *ἐφ' οἷς ἑκατοντάρχαι Σοσσίου* ...

und andererseits

A. J. XIV., 13, 3:	B. J. I., 13, 2:
.. *πέμπουσιν ὁπλίτας τινάς*..	... *ἄνδρας ἑξήκοντα.*
A. J XIV., 13, 4:	B. J. I., 13. 3:
Πάκορος σὺν ἱππεῦσιν ὀλίγοις ... *εἰς τὴν πόλιν ἔρχεται.*	*Φασάηλος τὸν Πάρθον εἰσδέχεται μετὰ πεντακοσίων ἱππέων.*

Vom XVten Buch der Archäologie an hat Josephus in der Anordnung des Stoffes ein anderes Verfahren eingeschlagen als im Polemos. In dem letzteren werden nämlich (von I, 18, 4 an) zunächst in zusammenhängender Darstellung die politischen Ereignisse bis zum Tode des Herodes berichtet. Dann folgt (von I, 22, 1 an) die Darstellung der häuslichen *ταραχαί.* So lassen sich hier zwei dem Inhalte nach scharf von einander geschiedene Gruppen unterscheiden: der Scheidungspunkt liegt in den Worten *τάς γε μὴν ὑπαίθρους εὐπραγίας ἡ τύχη τοῖς κατ' οἶκον ἀνιαροῖς ἐνεμέσησε* (B. J. I., 22, 1). In der Archäologie sind beide Gruppen zu einem Ganzen verschmolzen, indem die Familienereignisse nach chronologischen Gesichtspunkten in die übrige Darstellung hineingefügt sind.[1]) Trotz dieser verschiedenen Anordnung ist

[1]) Welche Form für die ursprüngliche, für die der Quelle, zu halten sei, darüber vgl. unten pag. 31.

das Quellenverhältnis hier dasselbe wie in den vorhergehenden Büchern: der Hauptstock der Erzählung ist aus derselben Quelle genommen, die Archäologie unabhängig vom Jüdischen Krieg gearbeitet. — Man vergleiche folgende Stellen:

A. J. XV., 6, 7 hat den Zusatz: *καὶ δεχόμενος αὐτὸν καὶ φίλους ἀνδρῶσιν ἑκατὸν καὶ πεντήκοντα.*

vgl. B. J. I., 20, 3.

ibid. *αὐτόν γε μὴν Καίσαρα ταλάντοις ὀκτακοσίοις ἐδωρήσατο.*

vgl. B. J. I., 20, 3.

Von den Ursachen, welche den Krieg des Herodes mit den Arabern herbeiführten, wird im Polemos nur der Einfluss der Cleopatra erwähnt; vgl. A. J. XV., 4, 4. 5, 1 : B. J. I., 15, 1.

Die Vergrösserungen, welche der Macht des Herodes durch die kaiserliche Gunst zu Teil wurden, werden im Pol. in ein Capitel zusammengedrängt (B J. I., 20, 4). Dann kehrt plötzlich eine Phrase, welche das Verhältnis des Herodes zum Augustus characterisieren soll, in beiden Berichten wieder. Vgl.

A. J. XV., 10, 3:	B. J. I., 20, 4:
εἰς τοῦτο προῆλθεν εὐτυχίας ὥστε . . . . Καῖσαρ μὲν οὐδένα μετ' Ἀγρίππαν Ἡρώδου προετίμησεν, Ἀγρίππας δὲ μετὰ Καίσαρα πρῶτον ἀπεδίδου φιλίας τόπον Ἡρώδῃ.	*ὃ δὲ τούτων Ἡρώδῃ μεῖζον ἦν, ὑπὸ μὲν Καίσαρος ἐφιλεῖτο μετ' Ἀγρίππαν, ὑπ' Ἀγρίππα μετὰ Καίσαρα.*

Auf der anderen Seite finden wir auch in dieser Partie trotz des offenbaren Strebens nach Verkürzung im Pol. Detailangaben, welche in der Arch. fehlen. So B. J. I., 19, 1: *καὶ κεκρατηκὼς Ὑρκανίας, ὃ δὴ χωρίον ἡ Ἀντιγόνου ἀδελφὴ κατεῖχεν.* — I., 19, 2: *οἱ δὲ διασωθέντες ἐκ τῆς μάχης εἰς Ὄρμιζα καταφεύγουσιν*[1]). — B. J. I., 19, 5: *στρατοπεδευσάμενος δὲ περὶ Φιλαδέλφειαν, ἐγγὺς τῶν πολεμίων, περὶ τοῦ μεταξὺ φρουρίου πρὸς αὐτοὺς ἠκροβολίζετο* (vgl. A. J. XV., 5, 4: *καὶ τῶν μὲν πολεμίων στρατοπεδεύεται πλησίον, ἐδόκει δ' αὐτῷ φρούριον ἐν μέσῳ κείμενον καταλαβεῖν.*)

---

[1]) Wenn die Lesart sicher ist; Arch. XV., 5, 1 hat »*τῶν διαπιπτόντων οὐ πολλοὶ συνέφευγον εἰς τὸ στρατόπεδον.*«

Diese Beweisstellen könnten leicht vermehrt werden; aus den angeführten geht aber zur Genüge hervor, dass Polemos und Archäologie den Wert zweier unabhängig von einander aus denselben Quellen geschöpfter Darstellungen haben. Wollen wir uns also von diesen Quellen ein vollständiges Bild entwerfen, so kann dies nur durch gegenseitige Ergänzung des einen Berichts aus dem andern geschehen — abgesehen von den grösseren Zusätzen in der Archäologie, welche Josephus der Benutzung neuer Quellen verdankt. Und wenn sie in ihren Mitteilungen sich zu widersprechen scheinen, so haben wir das Recht durch Combination der beiden abweichenden Angaben eine dritte herzustellen und diese als den Inhalt der Quelle anzusehen. [1])

Andererseits gewährt uns die Zusammenstellung beider Berichte eine willkommene Gelegenheit einen Einblick in die Art und Weise zu thun, wie Josephus gearbeitet hat. Er verfuhr, wie es bei den alten Geschichtschreibern allgemein üblich war; er gab nicht allein den Inhalt seiner Vorlage wieder, sondern schloss sich auch ihrem Gedankengange an. Je treuer er dies that, desto enger wurde auch der Anschluss an ihren Wortlaut. Es finden sich daher Sätze, ja ganze Abschnitte, welche beinahe wörtliche Uebereinstimmung zeigen; und sicherlich ist es kein Zufall, wenn in der Arch. sich an der nämlichen Stelle wie im

[1]) Von diesem Recht ist z. B. Gebrauch zu machen A. J. XII., 5, 5 : B. J. I., 1, 5. Nach der Niederlage bei Bethzarachia flieht Judas nach der ersteren Stelle nach Jerusalem, nach der letzteren *εἰς τὴν Γοφνιτικὴν τοπαρχίαν*. Wir werden dies dahin zu vereinigen haben, dass er erst nach Gophna und von da nach der Hauptstadt geeilt ist. Das Auffällige, welches diese Bewegung beim ersten Anblick hat (Gophna liegt nördlich, Bethzarachia südwestlich von Jerusalem), verliert sich bei näherer Erwägung. Die Hauptstadt war, wie der Bericht angiebt, überfüllt durch die Besatzung und durch die Flüchtlinge vom Lande, ausserdem mit Proviant unzureichend versehen. Deshalb ging es nicht an die Reste der geschlagenen Armee dorthin zu sammeln. Ausserdem musste Judas auf die Sammlung eines Ersatzheeres bedacht sein, da das Vorrücken des Feindes auf die Hauptstadt zu erwarten war. Die Sammlung der neuen Streitkräfte durfte natürlich nicht auf der Linie des feindlichen Vormarsches — d. h. nicht zwischen Jerusalem und Bethzarachia, deren Entfernung ausserdem zu gering war, um Zeit zum Sammeln zu geben — geschehen, sondern musste jenseits seines Zieles, d. h. nördlich von der Hauptstadt, vor sich gehen. Deshalb eilte Judas zunächst nach Gophna und von da nach Jerusalem, um dessen Verteidigung zu leiten.

Jüdischen Krieg Formeln finden, mit denen die Erzählung abgebrochen wird [1]). — Mit den Detailangaben seiner Quelle verfährt er häufig liederlich; nicht etwa, als ob er sie eigenmächtig entstellte, [2]) aber er lässt sie einfach weg. — Ob er, wie ihm in neuerer Zeit vorgeworfen ist, [3]) seine Darstellung durch den Zusatz selbsterfundenen Details seinen Lesern interessanter zu machen versucht hat — das lässt sich auf Grund der bisherigen Untersuchung nicht entscheiden. Nur soviel kann gesagt werden, dass, wo die Beschaffenheit der Zusätze geprüft werden kann, sie für ihre gute Ueberlieferung spricht.

II.
Die letzten Quellen für Jos. Arch. B. XI—XIII. [4])

Will eine Quellenuntersuchung auf Vollständigkeit Anspruch machen, so hat sie sich ein doppeltes Ziel zu stecken. Sie muss

---

[1])

B. J. I., 8, 8:	A. J. XIV., 7, 3:
διαβὰς δὲ τὸν Εὐφράτην αὐτός (Κράσσος) τε ἀπώλετο καὶ ὁ στρατὸς αὐτοῦ. περὶ ὧν οὐ νῦν καιρὸς λέγειν.	καὶ αὐτὸς μὲν δὴ σὺν παντὶ διεφθάρη τῷ στρατῷ, ὡς καὶ ἐν ἄλλοις δεδήλωται.
ibid. I., 8, 9:	ibid. XIV., 7, 3:
Κάσσιος δὲ . . . . ἐπὶ τὸν Εὐφράτην ὑπέστρεψε. Πάρθους διαβαίνειν ἀνείρξων περὶ ὧν ἐν ἑτέροις ἐροῦμεν.	Κάσσιος μὲν οὖν . . . . ἐπὶ τὸν Εὐφράτην ἠπείγετο, ὑπαντιάσων τοῖς ἐκεῖθεν ἐπιοῦσιν, ὡς καὶ ὑπ' ἄλλων δεδήλωται.
ibid. I., 17, 8:	ibid. XIV., 15, 14:
. . . τὴν Ἀλεξάνδρου μετιὼν θυγατέρα, καθωμολογημένην, ὡς ἔφαμεν, αὐτῷ . . .	. . . ἀξόμενος τὴν Ἀλεξάνδρου τοῦ Ἀρ. θυγατέρα· ταύτην γὰρ ἦν ἐγγεγυημένος, ὡς μοι καὶ πρότερον εἴρηται.

vgl. B. Niese, Hermes Bd. XI. pag. 469.

[2]) Wäre dies der Fall, so müssten sich directe Widersprüche zwischen Pol. und Arch. in viel grösserer Anzahl finden, als es der Fall ist. Die von mir gefundenen beschränken sich auf einzelne Zahlenangaben, bei denen die Möglichkeit eines Ueberlieferungsfehlers nicht ausgeschlossen ist.

[3]) Dieser Vorwurf spielt namentlich bei Grimm im Commentar zum I. Makk.-B. eine grosse Rolle; hierüber genauer unten.

[4]) Ich halte es für richtig die Untersuchung über die letzten Quellen des Josephus (worunter ich diejenigen Berichte verstehe, welche er bei der Abfassung der Altertümer vor Augen hatte) der über die ersten vorangehen zu lassen. Beim entgegengesetzten Verfahren würden wir Gefahr laufen, ihm eine Thätigkeit zuzuschreiben, welche vielleicht in Wahrheit sich an einen ganz anderen Namen knüpft.

versuchen, die Quelle oder nach Umständen die Quellen, aus welchen der Geschichtschreiber direct geschöpft hat — d. h. seine letzten Quellen — nachzuweisen, und muss versuchen die ursprünglichen Berichte, aus denen jene Quellen zusammengearbeitet sind, aufzudecken.

Die letztere Aufgabe pflegt gemeiniglich die leichtere zu sein. Sie ist es auch in der Archäologie. Jedem aufmerksamen Leser wird es beim Durchlesen von B. XI—XIII. sich ergeben, dass diese Partie aus einer Reihe von Einzeldarstellungen zusammengesetzt ist. Zunächst treten diejenigen Berichte hervor, welche noch heute als selbstständige Schriften erhalten sind, wie das Aristeasbuch,[1]) das I. Makk.-Buch. Als dritter Bestandteil scheidet sich eine Hohepriester-Chronik aus, deren auseinandergelöste Teile in jene umfangreicheren Darstellungen hineingefügt sind. Daneben wieder andere einheimische, auf Tradition beruhende Quellen, ebenfalls versetzt mit Bestandteilen jener Chronik; endlich reichliche Mitteilungen aus einer griechischen Quelle. Ursprünglich getrennt, ein Jedes für sich ein enges Gebiet der Geschichte behandelnd, liegen sie uns jetzt mosaikartig ineinander gefügt vor, von geschickter Hand kunstvoll zu einem Ganzen vereinigt.

Ist Josephus es, dem wir für dieses Werk zu Dank verpflichtet sein müssen?

Es liegt nahe bei der Beantwortung dieser Frage davon auszugehen, ob er die zu einer solchen Arbeit erforderlichen Eigenschaften besessen hat. Eine fleissige Hand, ein critisches Auge waren offenbar notwendig, um diese, soweit wir es controllieren können, geschickt zu Stande gebrachte Auflösung und Wiedervereinigung zu vollenden. Aber unser Urteil über Josephus steht

---

[1]) Man findet es abgedruckt im Haverkamp'schen Josephus Tom. II. — Ueber sein Verhältnis zur Archäologie genügt es zu sagen, dass es mit fast seinem gesammten Inhalt in diese übergegangen ist. Einzelne Angaben, die gar zu langweilig waren, sind weggelassen (z. B. die Namen der 72 Interpreten, die Einzelnheiten des Tischgesprächs zwischen Philadelphus und seinen Gästen u. a.), in Zahlenangaben zeigen sich Abweichungen. Willkürliche Erweiterungen der Vorlage finden sich in der Archäologie nicht.

noch nicht fest; weder die Darstellung des Jüdischen Kriegs noch die Ausarbeitung der ersten Hälfte der Archäologie geben uns feste Anhaltspunkte, um ein sicheres Bild von seinen Fähigkeiten als Geschichtschreiber zu entwerfen. Unser Urteil soll sich erst aus der Untersuchung seiner Quellen heraus bilden; wir müssen daher vorläufig von dieser Frage absehen.

Einem jeden Leser wird in der Archäologie die häufige Wiederkehr bestimmter Formeln auffallen, durch die von einem Ereignis auf das andere übergeleitet oder auf vorhergegangene oder folgende Partien der Darstellung verwiesen wird. In dem von uns behandelten Abschnitt der Archäologie sind es namentlich die Worte *ὡς καὶ ἐν ἄλλοις δεδηλώκαμεν (δεδήλωται)*. So harmlos ihr Aeusseres ist — sie nehmen doch unser volles Interesse in Anspruch; in ihnen ist der Schlüssel zur Lösung unserer Frage enthalten.

»Wie wir auch *ἐν ἄλλοις* berichtet haben« — die erste Person scheint beim ersten Anblick unzweifelhaft Josephus, der Ausdruck *τὰ ἄλλα* eins seiner übrigen Werke zu bezeichnen. Eine genaue Prüfung ergiebt jedoch, dass dieses unmöglich ist.

Zur Erleichterung derselben stelle ich zunächst sämmtliche Stellen zusammen, an denen die Formel vorkommt.

Archäologie:

1. A. J. III. 4, 2: *ἀλλὰ περὶ μὲν ταύτης εὐκαίρως ἐν ἄλλοις τῆς γραφῆς δηλώσομεν.*
   ταύτης: die *ἀρετή* des Moses. vgl. III., 7, 7.
2. „ IV., 8, 44: *περὶ ὧν ἐν ἑτέρᾳ γραφῇ λέξομεν.*
   ὧν: *τῶν νόμων.*
3. „ VI., 13, 10: *ἀλλὰ περὶ μὲν τούτων ἐν ἄλλοις δηλώσομεν.*
   τούτων: *τῶν Δαυίδου παίδων.*
4. „ VII., 15, 3: *καθὼς καὶ ἐν ἄλλοις δεδηλώκαμεν.*
   Vorher: Die Oeffnung des David. Grabes durch Hyrkan. vgl. B. J. I., 2, 5. A. J. XIII., 8, 4.
5. „ X., 2, 2: *δηλώσω δὲ περὶ τούτων ἐν ἑτέροις.*

τούτων: die *κατάλυσις* des assyr. Reiches durch die Meder.
vgl. A. J. X., 5, 1.

6. A. J. XI., 8, 1: *καθὼς ἐν ἄλλοις δεδήλωται.*
Vorher über Philipp u. Alex. von Makedonien.

7. „ XII., 5, 2: *καθὼς ἤδη που καὶ πρότερον ἐν ἄλλοις δεδηλώκαμεν.*
Vorher: die Römer weisen Antiochus Epiphanes aus Aegypten.

8. „ XII, 10, 1: *καθὼς ἤδη που καὶ ἐν ἄλλοις δεδήλωται.*
Vorher: Regierung und Tod des Ant. Eupator.

9. „ *XIII., 2, 1: *καθὼς ἤδη καὶ ἐν ἄλλοις δεδηλώκαμεν.*
Vorher: Regierung des Demetrius I.

10. „ XIII., 2, 4: *ὡς καὶ ἐν ἄλλοις δεδηλώκαμεν.*
Vorher: Kampf zwischen Demetrius und Alexander. Tod des Demetrius.

11. „ XIII., 4, 6: *καθὼς ἐν ἄλλοις δεδηλώκαμεν.*
Vorher: Alexander und Ptolemäus Philometor. Tod des Ammonius.

12. „ XIII., 4, 8: *καθὼς καὶ ἐν ἄλλοις δεδήλωται.*
Vorher: Tod des Philometor und des Alexander Balas.

13. „ XIII., 5, 11: *καθὼς καὶ ἐν ἄλλοις δεδηλώκαμεν.*
Vorher: die Gefangenschaft des Demetrius bei den Parthern.

14. „ XIII., 8, 4: *καθὼς καὶ πρότερον ἐν ἄλλοις δεδήλωται.*
Vorher: Die Entlassung des Demetrius aus der Gefangenschaft.

15. „ XIII., 10, 1: *ὡς καὶ ἐν ἄλλοις ἱστορήκαμεν.*
Vorher: Antiochus Philometor und Ant. Cyzikenus.

16. „ XIII., 10, 4: *ὡς καὶ ἐν ἄλλοις δεδηλώκαμεν.*
Vorher: Gründung des Tempels in Heliopolis.
vgl. B. J. VII., 10, 2 ff. A. J. XIII., 3, 1.

17. „ XIII., 12, 6: *ὡς καὶ ἐν ἄλλοις φανερὸν πεποιήκαμεν.*
Vorher: Krieg zw. Ptol. Lathurus und den Juden. Einnahme von Ptolemaïs durch Lathurus.

18. A. J. XIII., 13, 4: *καθὼς ἐν ἄλλοις δεδήλωται.*
Vorher: die Kämpfe der Söhne des Antiochus Grypos.

19. „ XIII., 13, 5: *δεδηλώκαμεν δὲ καὶ ταῦτα ἐν ἄλλοις.*
Vorher: über jüd. Sitten bei der *σκηνοπηγία.*
vgl. A. J. III., 10, 5.

20. „ XIV., 6, 2: *καὶ ταῦτα μὲν καὶ ἐν ἄλλοις δεδήλωται.*
Vorher: Zug des Gabinius nach Aegypten.

21. „ XIV., 7, 3: *ὡς καὶ ἐν ἄλλοις δεδήλωται.*
Vorher: Tod des Crassus im Kampfe gegen die Parther.

22. „ XIV., 7, 4: *ὡς καὶ ὑπ' ἄλλων δεδήλωται.*
Vorher: Partherkrieg des Cassius.

23. „ XIV., 11, 1: *ὡς καὶ παρ' ἄλλοις δεδήλωται.*
Vorher: Schlacht bei Philippi.

Polemos:

24. B. J. I., 8, 9: *περὶ ὧν ἐν ἑτέροις ἐροῦμεν.*
ὧν: Partherkrieg des Cassius.

c. Apionem:

25. c. Ap. I., 14: *ἀλλὰ περὶ μὲν τούτων ἐν ἄλλοις ποιήσομαι τὴν ἐξέτασιν ἀκριβεστέραν.*
τούτων: die Juden in Aegypten; speciell über Joseph.

Auf Grund dieser Uebersicht lässt sich Folgendes constatieren. Der Ausdruck *(τὰ) ἄλλα* erscheint in zweifacher Weise gebraucht, und zwar erstens zur Bezeichnung einer anderen Partie innerhalb derselben Schrift. Die significanteste Stelle hierfür ist A. J. III, 4, 2, wo allerdings durch den Zusatz *τῆς γραφῆς* die Bedeutung ganz genau bestimmt wird.[1]) Hierher gehören aus dem Verzeichnis No. 1. 3. 5. 16. 19.

An den übrigen Stellen, welche, wie unsere Uebersicht zeigt, an Zahl weit überwiegen, lässt sich eine Parallelstelle innerhalb

---

[1]) In dieser Bedeutung steht es gegenüber dem „*ἐν τούτοις δεδηλώκαμεν.*“ vgl. A. J. IX., 7, 5. 11, 1.

der Archäologie nicht nachweisen. An ihnen muss also *ἄλλα* eine andere Schrift bezeichnen. Nach der Form des Verbums — bald *δεδηλώκαμεν*, bald *δεδήλωται* — zerfallen sie in zwei Gruppen; wo das letztere steht, kann die Verweisung sich allgemein auf irgend ein Werk historischen Inhalts beziehen; dagegen scheint die erste Pers. Plur. uns auf eine von Josephus veröffentlichte Schrift hinzuweisen.

Welche war das?

In erster Linie kommt der Jüdische Krieg in Betracht, von dem es fest steht, dass er vor der Archäologie geschrieben ist. Nur eine einzige Stelle jedoch findet sich, an der die Verweisung auf ihn sich beziehen kann:[1]) A. J. VII., 15, 3, wo Josephus den Bericht von der Oeffnung des David-Grabes durch Hyrkan mit den Worten *ὡς καὶ ἐν ἄλλοις δεδηλώκαμεν* schliesst. An den übrigen Stellen ist dies nicht möglich. Die Vita und Contra Apion. schliessen sich von selbst aus; dasselbe gilt natürlich auch von den am Schluss der Archäologie genannten Schriften *περὶ νόμων* und *περὶ θεοῦ καὶ τῆς οὐσίας αὐτοῦ*, von deren Veröffentlichung dort als von einer noch beabsichtigten gesprochen wird.[2])

Es bleibt daher nur noch eine Schrift übrig, die in Betracht gezogen werden muss. In seinem Commentar zum Jesaias deutet Hieronymus auf die Existenz einer flavianischen Schrift über die siebzig Wochen Daniels hin.[3]) In dieser Schrift muss ohne

---

[1]) Ich sage absichtlich „kann". Es wird nämlich weiter unten nachgewiesen werden, dass Jos. allenthalben, wo er sich auf den Pol. bezieht, den Titel desselben bestimmt anführt. Die allgemeine Bezeichnung mit *ἐν ἄλλοις* an unserer Stelle bleibt daher immerhin auffallend. Erwägt man nun, dass die VII., 15, 3 erzählte Episode in die Darstellung des VIIten Buchs gar nicht gehört, sondern nur vorweggenommen und A. J. XIII., 8, 4 suo loco et tempore nochmals berichtet wird — so wird man vielleicht die Vermutung annehmbar finden, dass entweder das VII. Buch nach dem XIII. ausgearbeitet, oder wenigstens jene Episode nach der Abfassung des XIII. an der ersteren Stelle eingefügt ist. Das Perfect *δεδηλώκαμεν* würde dann ein erklärlicher Anachronismus sein.

[2]) Auf diese Schriften beziehen sich aber wohl die Verweisungen A. J. IV., 8, 44 *ἐν ἑτέρᾳ γραφῇ λέξομεν* III., 8, 9 *περὶ ὧν ἐροῦμεν εὐκαιρότερον* III., 10, 7 *τὸν μὲν οὖν περὶ τούτων λόγον ἀκριβέστερον αὖθις δηλώσομεν.*

[3]) Hieron. comment. libr. XI. praef. (in Isaiae proph. cap. XXXVI.) bei Martianay Tom. III., pag. 285: . . . . ob hanc causam in commentariolis Danielis brevitati studui, praeter ultimam et paenultimam visionem, in quibus me necesse

Zweifel von syrischer Geschichte — auf diese beziehen sich ja, wie die oben gegebene Uebersicht zeigt, die mit *ὡς καὶ ἐν ἄλλοις δεδηλώκαμεν* geschlossenen Partien — viel die Rede gewesen sein: es liegt also nahe an sie zu denken. Ich würde diese Lösung unserer Frage wegen ihrer Einfachheit jeder anderen vorziehen; aber ich glaube doch, dass gewichtige Bedenken ihr im Wege stehen.

Es sind bald kurze Notizen, bald ausführlichere Darstellungen, die in der Archäologie aus jener Quelle entlehnt sind; das letztere allemal da, wo die einheimischen Quellen anfangen knapper zu werden. Aus diesem Grunde sind sie besonders ausführlich am Ende des dreizehnten Buchs. Hier muss man die eingehende Erzählung von dem Tode des Ammonius (XIII., 4. 6), den hübschen, anschaulichen Bericht von der Einnahme Antiochias durch Jonathan (XIII., 5, 3), namentlich aber die bis ins Detail gehende Darstellung von den Kämpfen um Ptolemaïs und Gaza nachlesen, um einen Begriff davon zu bekommen, wie eingehend die Erzählung der Quelle gewesen sein muss. Nun denke man sich in derselben Weise — denn weshalb gerade die erwähnten Vorgänge ausführlicher als die anderen dargestellt sein sollten, ist unerfindbar — die ganze Fülle des geschichtlichen Stoffes, welcher mit einer Untersuchung über die Bedeutung der 70 Wochen Daniels zusammenhing, behandelt! Giebt das nicht ein Bild, welches der Vorstellung, die wir von einer josephischen Schrift über Daniel haben können, entschieden nicht entspricht?

Ferner: es liegt nicht in dem Character des Josephus sein Licht unter den Scheffel zu stellen. Zahlreiche Stellen aus seiner Vita und aus seinen anderen Schriften könnten als Beweis dafür angeführt werden. So ist es denn auch am Schluss der Arch.

---

fuit ob obscuritatis magnitudinem sermonem tendere; praecipueque in expositione septem et sexaginta duarum et unius hebdomadarum, in quibus disserendis quid Africanus temporum scriptor, quid Origenes . . . senserint, breviter comprehendi. . . . Sin autem supradictos viros magistros ecclesiae nominavi, illud intellegant me non omnium probare fidem, qui certe inter se contrarii sunt; sed ad distinctionem Josephi Porphyriique dixisse, qui de hac quaestione plurima disputarunt.

offenbar ein wenig auf's Renommieren abgesehen: die Ausdehnung seiner litterarischen Thätigkeit, sein Fleiss, seine Vielseitigkeit soll in das richtige Licht gestellt werden. Daher die Erwähnung des Polemos, die Characterisierung der Archäologie, die Angabe seiner Pläne für die Zukunft. Aber nicht die leiseste Andeutung von einer Schrift über Daniel! Ist es glaublich, dass er sie mit keiner Silbe erwähnt haben würde, wenn sie damals schon geschrieben gewesen wäre? — Dazu kommen noch andere argumenta ex silentio: c. Apion. I., 9 ff. spricht er zwei Capitel lang über seine Schriftstellerei; vom Daniel kein Wort. — A. J. XII., 7, 6 erzählt er von der Erfüllung der Prophezeiung Daniels in Betreff der Verwüstung des Tempels durch Antiochus. Dies Ereignis musste doch jedenfalls in jener Schrift ausführlich besprochen sein; trotzdem finden wir hier nicht einmal die Formel *ὡς δεδηλώκαμεν*. — A. J. X., 10, 4 verweis't er den Leser auf das Buch Daniel: *ἐμοὶ μὲν οὐκ ἔδοξε τοῦτο ἱστορεῖν, τὰ παρελθόντα καὶ τὰ γεγενημένα συγγράφειν, οὐ τὰ μέλλοντα ὀφείλοντι· εἰ δέ τις τῆς ἀκριβείας γλιχόμενος οὐ περιίσταται πολυπραγμονεῖν, ὡς καὶ περὶ τῶν ἀδήλων εἰ γενήσεται βούλεσθαι μαθεῖν, σπουδασάτω τὸ βιβλίον ἀναγνῶναι τὸ Δανιήλου.* Ich bin fest überzeugt, er würde auch hier nicht unterlassen haben seine Schrift zum Nachlesen zu empfehlen, wenn sie damals schon existiert hätte.

Dazu kommt noch eins. An allen Stellen, wo er auf eine frühere Schrift Bezug nimmt, nicht allein in der Archäologie auf den Polemos, sondern auch in der Schrift gegen Apion auf die Archäologie, verweis't er auf sie mit bestimmter Titelangabe.[1]) Was in aller Welt sollte ihn bewogen haben bei der Schrift über Daniel mit der grössten Consequenz gerade das entgegengesetzte Verfahren zu beobachten? Wozu diese Geheimnisthuerei? Wozu die selbstpeinigende Unterdrückung seiner Neigung, mit seinem Namen und seinen Schriften zu prunken?

---

[1]) Vgl. A. J. I. 11, 4. (B. J. IV. 8, 4); VIII. 3, 3 (VII. 10, 2); XIII. 5, 9 (II. 8); XIII. 10. 6 (II. 8); c. Apion. I. 18. II. 40. Die einzige Ausnahme macht scheinbar A. J. VII. 15, 3, was ich oben (pag. 24 note 1) zu erklären versucht habe.

Diese Fragen müssen erst genügend beantwortet, die in ihnen liegenden Bedenken erst aus dem Wege geräumt werden, ehe wir uns entschliessen können in den Worten ὡς καὶ ἐν ἄλλοις δεδηλώκαμεν einen Hinweis auf die Schrift über Daniel zu finden.[1]) So wie die Sache jetzt steht, sehen wir als einzigen Ausweg aus den Schwierigkeiten die Annahme: Die erste Person bezieht sich nicht auf Josephus, die ἄλλα nicht auf eine seiner Schriften; die Formeln sind vielmehr von ihm aus seiner Quelle herübergenommen.

Die Erscheinung, dass Verweisungen und Citate aus der einen Darstellung in die andere mit der Erzählung unverändert übergehen, ist aus den Untersuchungen auf anderen Gebieten der alten Historiographie bekannt. Sie beruht auf der eigentümlichen Vorstellung, welche die alten Geschichtschreiber von dem Eigentumsrecht ihrer Vorgänger besassen. Bei Josephus eine andere Denk- und Handlungsweise vorauszusetzen haben wir keinen Grund. Ausserdem habe ich schon oben bei der Besprechung des Verhältnisses zwischen Polemos und Archäologie (pag. 18) darauf aufmerksam gemacht, dass das Zusammentreffen von Verweisung- und Abkürzungsformeln an ganz denselben Stellen im Pol. und in der Arch. nicht ein zufälliges sein kann, sondern ebenfalls auf Entlehnung aus der gemeinsamen Quelle beruhen muss.

Ich habe mich bisjetzt auf diejenigen Stellen beschränkt, an denen die erste Person gebraucht war. Was bedeutet nun die Formel ὡς καὶ ἐν ἄλλοις δεδήλωται? Ist sie nur dem Ausdruck nach verschieden, dem Sinne nach aber gleichbedeutend? oder

---

[1]) In seinen Vorlesungen über Josephus c. Apion. äusserte Prof. von Gutschmid, um das spurlose Verschwinden jener Schrift zu erklären, die Vermutung, Jos. habe später ihren Inhalt anstössig für die Juden gefunden und sie deshalb selbst fallen lassen. Als eine Erklärung dafür, dass in unserer Formel anstatt der bestimmten Titelangabe nur allgemein ἐν ἄλλοις gesagt wird, kann dies doch wohl nicht genügen. Denn die Sache steht doch so: entweder hatte Josephus schon bei der Veröffentlichung der Archäologie die Absicht, jene Schrift tot zu schweigen — dann wäre es ebenso unverständig gewesen, geheimnisvoll auf sie hinzudeuten, wie sie direct zu citieren; oder es lag ihm damals diese Absicht noch fern — dann hätte nichts im Wege gestanden nach seiner sonstigen Gewohnheit zu verfahren, d. h. ihren Titel anzuführen.

wird sie von Josephus gebraucht, um auf irgend ein beliebiges anderes Werk den Leser zu verweisen, für solche Ereignisse, deren ausführliche Darstellung in der Archäologie nicht zu seiner Aufgabe gehörte? — Die Antwort fällt für beide Fragen bejahend aus, aber nach den verschiedenen Partien der Antiquitäten verschieden. Vom XIV. Buch an hat sie die letztere Bedeutung. Der Zug des Gabinius nach Aegypten zur Einsetzung des Ptolemaeus Auletes — der Untergang des römischen Heeres unter Crassus in Parthien — der Partherkrieg des Cassius — die Ermordung Cäsars — die Schlacht bei Philippi[1]) gehören nicht in ausführlicher Darstellung in eine Geschichte des jüdischen Volkes; ihre einfache Erwähnung genügt, um den Leser zu orientieren; will er Näheres wissen, so mag er sich aus einem römischen Geschichtswerk Belehrung holen. Dazu liegt in jenen Worten eine Aufforderung. Anders in den vorhergehenden Büchern; hier werden beide Formeln promiscue gebraucht; Abschnitte von ganz gleichartigem Inhalte schliessen bald mit der einen, bald mit der anderen; und — was vor Allem nicht ausser Acht zu lassen ist — der durch eine der beiden Formeln geschlossene Abschnitt setzt sich ohne Lücke später fort.[2]) Sie dienen also hier nicht nur um auf eine ausführlichere Darstellung zu verweisen, sondern hauptsächlich um von einer Quelle zur anderen, von der Darstellung der ausländischen Ereignisse zu den speciell jüdischen den Uebergang zu bilden. Es ist nicht statthaft sie dort verschieden zu behandeln.

---

[1]) A. J. XIV. 6, 2. XIV. 7, 3. XIV. 7, 4 (an letzterer Stelle besonders deutlich *ὡς καὶ ὑπ' ἄλλων δεδήλωται*). XIV. 11, 1. XIV. 12, 2 *παρ' ἄλλοις δεδήλωται*).

[2]) So z. B. XIII., 2, 4: *καὶ τέλος μὲν τοῦτο Δημήτριον κατέλαβεν, βασιλεύσαντα ἔτη ἕνδεκα, ὡς καὶ ἐν ἄλλοις δεδηλώκαμεν.* Es folgen Hohepriestergeschichten (die Gründung des Tempels in Heliopolis und der Streit zwischen Juden und Samariern in Alexandria); 4, 1 schliesst dann mit den Worten: *Δημητρίου δὲ ἀποθανόντος ἐν τῇ μάχῃ, καθὼς ἐπάνω δεδηλώκαμεν, Ἀλέξανδρος τὴν τῆς Συρίας παραλαβὼν βασιλείαν γράφει τῷ φιλομήτορι Πτολεμαίῳ κτλ.* genau an 2, 4 an. — XIII., 4, 8: *ἐβασίλευσε δὲ τῆς Ἀσίας Ἀλέξανδρος ὁ Βάλας λεγόμενος ἔτη πέντε, καθὼς καὶ ἐν ἄλλοις δεδήλωται. παραλαβὼν δὲ τὴν βασιλείαν Δημήτριος ὁ νικάτωρ ἐπιλεγόμενος ὑπὸ πονηρίας ἤρξατο διαφθείρειν τὸ τοῦ Πτολεμαίου στρατιώτικον κτλ.* — 13, 4 *τὴν δὲ Συρίαν κατεῖχον οἱ δύο ἀδελφοὶ Δημήτριος καὶ Φίλιππος, καθὼς ἐν ἄλλοις δεδήλωται* cfr. 14. 3 *Δημήτριος δὲ ἐκ τῆς Ἰουδαίας ἀπελθὼν εἰς Βέροιαν ἐπολιόρκει τὸν ἀδελφὸν Φίλιππον κτλ.*

Meine Meinung geht also dahin, dass sie Beide zusammen mit der Erzählung von Josephus aus seiner Quelle herübergenommen sind.

Ist dies richtig, so ergeben sich daraus mit zwingender Notwendigkeit wichtige Schlüsse für die Composition der Antiquitäten. Wo die Uebergangsformeln gestanden haben, muss auch etwas vorhanden gewesen sein, zu dem sie überleiteten; übergeleitet wird mit ihnen zu der Darstellung der jüdischen Geschichte; also muss auch dieser Bericht schon in jener Quelle des Josephus gestanden haben, aus der die Geschichte des Auslands genommen wurde. Die Verarbeitung der einheimischen Quellen mit der hellenistischen kann darnach nicht von ihm herrühren: er fand sie bereits fertig vor; seine Thätigkeit beschränkte sich darauf das fertige Material in einer neuen Form wiederzugeben.

Ich brauche nicht zu versichern, dass ich selbst lange Zeit gegen dieses Resultat Bedenken gehegt habe. Wiederholte Untersuchung ergab jedoch immer dieselben Beobachtungen, aus denen sich nach meiner Meinung keine anderen Schlüsse ziehen liessen, als die, welche ich oben dargelegt habe. Mein Vertrauen in ihre Richtigkeit ist gestiegen, seitdem ich auf einem ganz anderen Wege zu demselben Resultat gelangt bin.

Darüber im folgenden Abschnitt.

Die Geschichte des Hohenpriesteramtes bei Josephus.

Nachrichten über die jüdischen Hohenpriester erhalten wir in der Archäologie auf doppelte Weise: einmal in Gestalt von kurzen Notizen, welche, in die Darstellung hineingefügt, an ihrer äusseren Form leicht erkennbar sind und, wieder zu einem Ganzen vereinigt, — soweit wir es controllieren können — in ununterbrochener Folge eine Geschichte des hohenpriesterlichen Amtes geben; das andere Mal in einer zusammenhängenden Uebersicht am Schluss der Archäologie (XX., 10). Die Kürze ihrer Angaben, die selten mehr bieten als Namen und, nicht einmal immer,

Amtsdauer, deutet auf ihren Ursprung aus einer der Priesterlisten hin, von denen Josephus c. Apion. I., 7 spricht.[1])

Es ist notwendig, die verschiedenen Nachrichten einer genauen Prüfung zu unterziehen, um festzustellen, ob sie auf eine oder mehrere Quellen zurückgehen.

Josephus unterscheidet XX., 10 vier Perioden:

1. Von Aaron bis zum Salomonischen Tempelbau.

Die Zahl der Hohenpriester wird dort für diese Periode auf dreizehn angegeben; ihre Namen erhalten wir nicht. — Vergleichen wir damit die Angaben, welche sich im Laufe der Darstellung finden, so erhalten wir zunächst A. J. V., 5, 11 die Namen der sechs ersten, welche aus dem Hause Eleazars die Würde bekleideten. Mit Eli geht sie an die jüngere Linie über. Aus dieser Zeit erfahren wir zwar aus einer kurzen Uebersicht A. J. VIII., 1, 3 die Namen der *ἰδιωτεύσαντες* der älteren Linie während der Zeit, wo die jüngere im Besitz der Würde war; die Namen der Hohenpriester müssen wir uns aber aus gelegentlichen Angaben zusammensuchen. Dies führt für die erste Periode zu folgendem Resultat:

1. *Ἀαρών*

A. J. V., 11, 5.	2.	*Ἐλεάζαρος*	*Ἰθαμάρης*
	3.	*Φινεέσης*	
	4.	*Ἀβιεζέρης*	
	5.	*Βοκκί*	
	6.	*Ὄζις*	7. *Ἠλεί*
ἰδιωτεύσαντες A. J. VIII., 1, 3.		*Βοκκίας*	8. *Ἀχίας* (VI., 6, 2).
		Ἰώθαμος	9. *Ἀχίτωβος* (VI, 6, 5).
		Μαραίωθος	10. *Ἀβιμέλεχος* (VI. 12, 4).
		Ἀροφαῖος	11. *Ἀβιάθαρος* mit Sadokos zusammen; dann seit Salomo Sadokos allein cfr. VII., 5, 4. 9, 2. 9, 6.
		Ἀχίτωβος	
	12.	*Σάδωκος*	

[1]) *οἱ ἀρχιερεῖς οἱ παρ' ἡμῖν ἀπὸ δισχιλίων ἐτῶν ὀνομαστοὶ παῖδες ἐκ πατρὸς εἰσιν ἐν ταῖς ἀναγραφαῖς.*

Hiernach folgt gleich auf Ozis die jüngere Linie mit Eli.[1]) Es ist möglich, dass zwischen ihnen der Name *'Ιώσηπος* ausgefallen ist: denn an der Stelle im 8ten Buch wird der Erste von den *ἰδιωτεύσαντες* bezeichnet als *ὁ τοῦ ἀρχιερέως 'Ιωσήπου υἱὸς Βοκκίας*. Nur auf diese Weise würden wir auch hier die Zahl dreizehn erhalten.

2. Vom Tempelbau bis zur Zerstörung.

Die Untersuchung über diese Periode hat uns Josephus dadurch erleichtert, dass er am Schlusse der Darstellung der Königszeit eine Uebersicht der gleichzeitigen Hohenpriester giebt, die allerdings nichts weiter enthält als Namen. Mit Sadokos geht die Würde wieder an die ältere Linie über und vererbt sich in ihr bis zur babylon. Gefangenschaft. Es werden aber anstatt der XX., 10 angegebenen achtzehn nur 17 Namen — und von diesen ist Zadok sogar schon einmal, am Schluss der ersten Gruppe, mit gezählt — genannt.[2]) Wollen wir beide Stellen in Einklang bringen, so müssen wir auch hier den Ausfall eines Namens annehmen.

3. Babylon. Gefangenschaft.

4. Rückkehr bis zur Absetzung des Onias durch Antiochus Eupator.

In diesem und den folgenden Abschnitten der Archäologie werden die Notizen in die Erzählung eingefügt. Die Zahl stimmt mit der XX., 10 angegebenen (15) überein. Es sind: 1. *'Ιησοῦς* (A. J. XI., 5, 1) 2. *'Ιωάκειμος* (ibid.) 3. *'Ελιάσιβος* (XI., 5, 5) 4. *'Ιούδας* (XI., 7, 1) 5. *'Ιωάννης* (ibid.) 6. *'Ιαδδοῦς* (XI., 7, 2) 7. *'Ονίας* (XI., 8, 7) 8. *Σίμων ὁ καὶ δίκαιος ἐπικληθείς* (XII., 2, 4) 9. *'Ελεάζαρος* (ibid.) 10. *Μανασσῆς* (XII., 4, 1) 11. *'Ονίας* (ibid.)

---

[1]) V., 11, 5: *παρ' οὗ διεδέξατο Ὄζις υἱὸς ὤν, μεθ' ὃν 'Ηλεὶ ἔσχε τὴν ἱερωσύνην.*

[2]) A. J. X., 8, 6. Es sind 1. *Σάδωκος* (dass Zadok zweimal gezählt wird, mag daher kommen, weil er zur Zeit Davids mit Abiather zusammen und nachher unter Salomo allein Hohepriester war.) 2. *'Αχιμᾶς* 3. *'Αζαρίας* 4. *'Ιώραμος* 5. *Ἴσος* 6. *'Αξιώραμος* 7. *Φιδέας* 8. *Σουδέας* 9. *'Ιούηλος* 10. *'Ιώθαμος*. 11. *Οὐρίας* 12. *Νηρίας* 13. *'Ωδέας* 14. *Σαλλοῦμος* 15. *'Ελκίας* 16. *Σαρέας*. 17. *'Ιωσάδωκος*.

12. *Σίμων* (XII., 4, 10) 13. *Ὀνίας* (ibid.) 14. *Ἰησοῦς* (Jason, XII., 5, 1) 15. *Ὀνίας* (Menelaos, XII., 9, 7).

Für die folgenden Zeiten stelle ich die in der Archäologie passim, im Polemos und Archäologie XX., 10 gegebenen Daten zusammen:

1. A. J. XX., 10:	2. A. J. und B. J. passim:
1. Alkimos (Jakimos) . . 3 Jahre *διεδέξατο δὲ οὐδεὶς αὐτὸν, ἀλλὰ διετέλεσεν ἡ πόλις ἑπτὰ ἐνιαυτοὺς χωρὶς ἀρχιερέως οὖσα* . .	1. Alkimos A. J. XII., 10, 11 . . . . . . 4 Jahre fehlt im B. J. *τελευτήσαντος δὲ τούτου ὁ λαὸς τὴν ἀρχιερωσύνην τῷ Ἰούδᾳ δίδωσιν* . . .
	2. Judas Makkabaeus . 3 „ A. J. XIII., 10, 6 coll. XII., 11, 2. fehlt im B. J.
Vakanz . . . . . 7 „	Vakanz A. J. XIII., 2, 3 . . . . 4 „
2. Jonathan . . . . 7 „ *ὃς ἦρξεν ἐνιαυτοὺς ἑπτά.*	3. Jonathan wird Hpriester *μετὰ ἔτη τέσσαρα ἢ τὸν ἀδελφὸν Ἰούδαν ἀποθανεῖν* XIII., 2, 3. war Hpriester XIII., 6, 5 4 „ fehlt im B. J.
3. Simon † (*κατασχὼν*) *τὴν ἀρχιερωσύνην πλείονα τἀδελφοῦ ἐνιαυτῷ*, also . . . 8? „	4. Simon *ἦρξεν* . . . 8 „ A. J. XIII., 6, 6. 7, 4. B. J. I., 2, 2 ohne Zahl.
4. Hyrkan † *τριάκοντα δ' ἐν ἔτεσι τῆς τιμῆς ἀπολαύσας* . . . . 30 „	5. Hyrkan † *τὴν ἀρχὴν διοικησάμενος* . . *ἔτεσιν ἑνὶ καὶ τριάκοντα* A. J. XIII., 10, 7 31 „ B. J. I., 2, 8: Hyrk. † *τὰ κατὰ τὴν ἀρχήν* . .

	διοικήσας ἐν τρισὶ καὶ τριάκοντα. ὅλοις ἔτεσιν.
5. Judas Aristobulos . 1 Jahr † τὴν ἱερωσύνην (κατασχὼν) μετὰ βασιλείας· καὶ γὰρ διάδημα περιέθετο πρῶτος. Ἰούδας ἐνιαυτὸν ἕνα. [1])	6. Judas Aristobulos . 1 Jahr A. J. XIII., 2, 3. B. J. I., 3, 6.
6. Alexander Jannai . 27 „	7. Alex. Jannai . . 27 „ A. J. XIII., 15, 10. B. J. I., 4. 8.
7. Hyrkan (II.) τὸ πρῶτον . . . . . . 9 „	8. Hyrkan (II.) τὸ πρῶτον . . . . 9 „ A. J. XIII., 16, 6. XV., 6, 4. B. J. I., 5, 4.
8. Aristobulos (II.). 3 J. 3 Mon.	9. Aristobul (II.) . 3 J. 6 Mon. A. J. XIV., 6, 1.
9. Hyrkan (II.) τὸ δεύτερον . . . . . 24 Jahre	10. Hyrkan τὸ δεύτερον 40 Jahre A. J. XV., 6, 4 πάσας τὰς τιμὰς (von Pompeius) ἀπολαβὼν ἔτη τεσσαράκοντα διετέλεσεν ἐν αὐταῖς.
10 Antigonos ἦρξε . 3 J. 3 Mon.	11. Antigonos . . . ? „
	12. Ananel τὸ πρῶτον ? „ A. J. XV., 2, 4.
11. Aristobul . . . . ? Jahre	13. Aristobul . . . . 1 „ A. J. XV., 3, 3.
	14. Ananel τὸ δεύτερον ? „ A. J. XV., 3, 3.

[1]) leg. (κατασχὼν) μετὰ βασιλείας ἐνιαυτὸν ἕνα· καὶ γὰρ . . . ?

Das Resultat dieser Zusammenstellung ist ein überraschendes: Die Uebersicht im XX. Buch weicht in mehreren Punkten von den früheren Angaben der Archäologie ab. Wäre es absolut notwendig, eine Uebereinstimmung zwischen ihnen herzustellen, so liesse sich dies vielleicht an einzelnen Stellen durch eine Textesänderung oder eine etwas gewaltsame Interpretation erreichen. So liegt es z. B. nahe, die 30, 31 u. 33 Jahre für Hyrkan I. auf eine Lesart zurückzuführen, obgleich, wenn es an die Ausführung geht, man doch auf Schwierigkeiten stösst. — In den τεσσαράκοντα ἔτη für Hyrkan II. wird man schwerlich eine Corruptel aus τέσσαρα καὶ εἴκοσι sehen können; aber man könnte vielleicht die Vermutung gelten lassen, Josephus habe die Zeit des zweiten Hohenpriestertums verwechselt mit Hyrkans Lebenszeit nach seiner Wiedereinsetzung — worüber es allerdings an genaueren Angaben fehlt. — Von Jonathan heisst es XX., 10: Ἰωνάθην ἀρχιερέα καθιστᾶσιν, ὃς ἦρξεν ἐνιαυτοὺς ἑπτά. In diesem Zusammenhang kann ἦρξεν doch wohl nichts anderes heissen als „er war Hohepriester" — allerdings ungewöhnlich für das gebräuchlichere ἀρχιερατεύειν: dann steht es aber in directem Widerspruch mit der Archäologie, wonach die Zeit seines Hohenpriestertums nur vier Jahre betrug; oder man nimmt ἦρξεν in der Bedeutung „er stand an der Spitze des Volks", wie in der A. J. XIII., 6, 5 προέστη τοῦ γένους gesagt wird: dann wäre es doch wieder auffallend, dass Josephus, der doch im XX. Buch ex professo eine Geschichte des Hohenpriestertums geben will, nicht hierfür, sondern für Jonathans προστασία die Zeit angiebt. — Auch bei Simon ist die Schwierigkeit nicht leicht zu entfernen. Hier kann κατασχὼν τὴν ἀρχιερωσύνην πλείονα τἀδελφοῦ χρόνον ἐνιαυτῷ heissen „ein Jahr länger als sein Bruder Hohepriester war" — und so wird wohl jeder unbefangene Leser es verstehen —: dann steht die Angabe im Widerspruch mit der Archäologie, wonach 4 + 1, also 5 Jahre hätten angegeben werden müssen; oder, will man diesen Widerspruch nicht gelten lassen, so muss man dem Josephus zutrauen, er habe Simons Hohepriestertum mit Jonathans προστασία verglichen und die Dauer des ersteren auf folgende künstliche Weise angeben wollen: Simon bekleidete das hohepriesterliche

Amt ein Jahr länger als sein Bruder Jonathan an der Spitze der Israeliten stand."

Räumten wir aber auch alle diese Schwierigkeiten aus dem Wege — auch die $3^1/_2$ und $3^1/_4$ Jahre für Aristobul — was hilft es uns? Die merkwürdige Angabe, Juda Makkabi habe die Würde eines Hohenpriesters bekleidet, spricht allen Emendations- und Interpretationsversuchen Hohn. Aus dem I. Makk.-Buch stammt sie nicht: da ist von Judas Hohenpriestertum nicht die Rede. Mit der Annahme, Josephus habe sich geirrt, kommt man nicht weit, denn um die drei Jahre für Juda zu gewinnen, ist die Vakanz von 7 auf 4 Jahre herabgesetzt; man sieht, die Aenderung ist hier methodisch durchgeführt. Auch wird noch in dem Bericht von Judas Tod an seinem Hohenpriestertum festgehalten.[1]) Und andererseits absichtliche Entstellung — zu welchem Zweck? Mir fällt die Antwort schwer. Ausserdem spricht gegen eine Fälschung doch entschieden, dass Josephus weder XX., 10 noch Vita 1, 1[2]) von der übrigen Ueberlieferung abweicht. Wie also jene Angabe für einen Irrtum zu consequent ist, so ist sie es für eine Fälschung zu wenig. —

Damit sind, soweit ich sehe, alle Mittel erschöpft, und es bleibt nichts anderes übrig als für die passim gegebenen Notizen eine von der im XX. Buch verschiedene Quelle anzunehmen. Ich bin daher der Meinung, dass wir auch die übrigen Abweichungen, so wie sie überliefert sind,[3]) hinnehmen müssen und gar nicht das Recht haben, sie aus dem Wege zu räumen.

Ist es nun glaubhaft, dass Josephus die e i n e Hohenpriesterliste zerstückelt und die einzelnen Notizen suo loco et tempore in die Darstellung seiner Quellen hineingearbeitet — und dann aus einer z w e i t e n Liste die Uebersicht im XX. Buch gegeben habe?

Auf diese Frage lässt sich nur nach allgemeinen Erwägungen antworten, und diese führen mich zu einer entschiedenen Ver-

[1]) A. J. XIII., 11, 2 *καὶ τὴν ἀρχιερωσύνην ἔτος τρίτον κατασχὼν ἀπέθανεν.*

[2]) *οὗτος ἠγάγετο πρὸς γάμον θυγατέρα Ἰωνάθου ἀρχιερέως, τοῦ πρώτου ἐκ τῶν Ἀσαμωναίου παίδων γένους ἀρχιερατεύσαντος.*

[3]) Ich bemerke hier noch, dass nach Niese's Mitteilungen an den besprochenen Stellen auch die beste Ueberlieferung mit dem Text bei Bekker übereinstimmt.

neinung. Wem es ebenso geht, der darf sich nicht scheuen auch die letzte Consequenz zu ziehen: Da die Uebersicht im XX. Buch ohne Zweifel von Josephus selbst herrührt, so hat er die Notizen im XII. u. XIII. Buch schon in seiner Quelle verarbeitet vorgefunden.

Zu dieser Vermutung stimmt nun ferner — und das kann ihr nur als eine weitere Stütze dienen — das Verhalten des Jüdischen Kriegs gegenüber der Hohenpriesterchronik und der griechischen Quelle. Ich habe schon oben bemerkt, dass Josephus dort die Zeit der Makkabäer bis auf Simon nur kurz excerpiert hat. Er hat sich dabei auf das allernotwendigste beschränkt. Alle jene Mitteilungen aus der Chronik sind consequent vermieden. Davon macht nur eine Stelle eine Ausnahme, B. J., I., 1, 1, wo die Flucht des Onias nach Aegypten und der Bau des Tempels in Heliopolis kurz berichtet wird. Es ist nun doch, um mich gelinde auszudrücken, wenig wahrscheinlich, dass Josephus, dessen Streben am Anfang des Jüdischen Kriegs ja offenbar auf eine möglichst kurze Fassung der Darstellung gerichtet ist, an dieser einen Stelle die Chronik als zweite Quelle herangezogen hat: das müsste er aber gethan haben, wenn die bisherige Annahme, dass die Verschmelzung derselben mit den anderen Quellen sein Werk sei, festgehalten würde. Und wenn noch ein Zweifel daran übrig bleiben sollte, dass er jenen Bericht über die Flucht des Onias schon in seiner Quelle vorgefunden habe, so wird auch der durch die Thatsache beseitigt, dass an derselben Stelle im Polemos und in der Archäologie sich eine Verweisung auf die spätere genaue Erzählung von jener Begebenheit findet:

B. J. I., 1, 1:	A. J. XII., 9, 7:
	Ὀνίας, ὃν προείπομεν (XII., 5, 1: *ὁ γὰρ παῖς, ὃν Ὀνίας κατελελοίπει, νήπιος ἦν ἔτι· δηλώσομεν δὲ τὰ περὶ τοῦ παιδίου τούτου κατὰ χώραν ἕκαστα) ἔτι παῖδα*
ὁ δὲ ἀρχιερεὺς Ὀνίας πρὸς Πτολεμαῖον διαφυγὼν πολίχνην τε	*τελευτήσαντος τοῦ πατρὸς ἀφεῖσθαι, . . . φεύγει πρὸς Πτολε-*

τοῖς Ἱεροσολύμοις εἰκασμένην καὶ ναὸν ἔκτισεν ὅμοιον· περὶ οὗ αὖθις κατὰ χώραν δηλώσομεν.

μαῖον . . . καὶ τιμῆς ἀξιωθεὶς . . . λαμβάνει τόπον ἀξιώσας ἐν τῷ νομῷ τῷ Ἡλιοπολίτῃ, ἐν ᾧ καὶ ὅμοιον τῷ ἐν Ἱεροσολύμοις ᾠκοδόμησεν ἱερῷ. περὶ τούτων μὲν οὖν εὐκαιρότερον ἡμῖν ἔσται διελθεῖν.

Es hat sich also offenbar beim Excerpieren ein Stück aus der Hohenpriesterchronik in den Polemos verirrt.

Ebenso sind nun auch von den Syriaca, obgleich sie zum grössten Teil, um Raum zu ersparen, übergangen sind, doch einzelne Spuren in dem Polemos nachweisbar: so B. J. I., 2, 7: A. J. XIII., 10, 7. B. J. I., 4, 2: A. J. XIII., 12, 6[1]).

Beide Stellen werfen ein interessantes Licht auf das Verfahren, welches Josephus seiner Quelle gegenüber im Jüdischen Krieg und in der Archäologie eingeschlagen hat. So lautet in Beiden der Bericht über die Kämpfe Hyrkans um Samaria folgendermassen:

B. J. I., 2, 7:

προελθὼν δὲ (Ὑρκανὸς) καὶ μέχρι Σαμαρείας, ἔνθα δὴ νῦν ἔστι Σεβαστὴ πόλις, ὑφ' Ἡρώδου κτισθεῖσα τοῦ βασιλέως, καὶ πάντοθεν αὐτὴν ἀποτειχίσας

A. J. XIII., 10, 2:

καὶ στρατεύει μὲν ἐπὶ Σαμάρειαν πόλιν ὀχυρωτάτην, περὶ ἧς ὅτι καλεῖται νῦν Σεβαστὴ κτισθεῖσα ὑπὸ Ἡρώδου κατὰ χώραν δηλώσομεν, προσβαλὼν δ' αὐτῇ φιλοπόνως ἐπολιόρκει . . . folgt die Ursache der Feindschaft und Näheres über die Belagerung; der Bericht schliesst mit den Worten:

τοὺς υἱεῖς ἐπέστησε τῇ πολιορκίᾳ, Ἀριστόβουλον καὶ Ἀντίγονον. ὧν οὐδὲν ἀνιέντων λιμοῦ μὲν εἰς

τοὺς υἱοὺς ἐφίστησιν, Ἀντίγονον καὶ Ἀριστόβουλον· ὧν ἐγκειμένων εἰς τοῦτο ἀνάγκης ὑπὸ λιμοῦ

[1]) An beiden Stellen sind die Mitteilungen aus Abschnitten genommen, welche an der Parallelstelle in der Archäologie mit der Formel ὡς καὶ ἐν ἄλλοις δεδηλώκαμεν gekennzeichnet sind.

τοσοῦτον προῆλθον οἱ κατὰ τὴν πόλιν ὡς ἅψασθαι καὶ τῶν ἀηθεστάτων, ἐπεκαλοῦντο δὲ βοηθὸν Ἀντίοχον τὸν ἐπικληθέντα Ἀσπένδιον.	προαχθῆναι τοὺς Σαμαρεῖς συνέπεσεν, ὡς ἅψασθαι μὲν τῶν ἀήθων, ἐπικαλέσασθαι δὲ βοηθὸν Ἀντίοχον τὸν Κυζικηνόν,
κἀκεῖνος ἑτοίμως ὑπακούσας ὑπὸ τῶν περὶ Ἀριστόβουλον ἡττᾶται. καὶ ὁ μὲν ἄχρι Σκυθοπόλεως διωχθεὶς ὑπὸ τῶν ἀδελφῶν ἐκφεύγει,	ὃς ἑτοίμως ἐπὶ τὴν συμμαχίαν ἀφικόμενος ὑπὸ τῶν περὶ Ἀριστ. ἡττᾶται, διωχθεὶς δὲ ἄχρι Σκυθ. ὑπὸ τῶν ἀδελφῶν διέφυγεν.
οἱ δ' ἐπὶ τῆς Σαμαρείας ὑποστρέψαντες τό τε πλῆθος πάλιν εἰς τὸ τεῖχος συγκλείουσι,	οἱ δ' ἐπὶ τοὺς Σ. ὑποστρέψαντες συγκλείουσι πάλιν εἰς τὸ τεῖχος αὐτούς, ὡς καὶ δεύτερον ἐπικαλέσασθαι σύμμαχον τὸν αὐτὸν Ἀντίοχον . . . Es folgt ein längerer Bericht über den zweiten Feldzug des Antiochus von Kyzikus und seiner Generäle Kallimander und Epikrates, worauf Jos. fortführt
καὶ ἑλόντες αὐτήν τε κατασκάπτουσι καὶ τοὺς ἐνοικοῦντας ἐξηνδραποδίσαντο.	Ὑρκανὸς μὲν οὖν τὴν πόλιν ἑλὼν ἐνιαυτῷ πολιορκήσας οὐκ ἠρκέσθη μόνῳ τούτῳ, ἀλλὰ zerstört die Stadt von Grund aus.
προχωρούντων δὲ τῶν κατορθωμάτων τὴν ὁρμὴν οὐ κατέψυξαν, ἀλλὰ προσελθόντες ἅμα τῇ δυνάμει μέχρι τῆς Σκυθοπόλεως ταύτην τε κατέδραμον καὶ τὴν ἐντὸς Καρμήλου τοῦ ὄρους χώραν ἅπασαν κατενείμαντο.	

Man sieht, die kürzere Fassung des Jüd. Kriegs ist auf sehr einfache Weise erreicht worden: was notwendig war, um den allgemeinen Gang der Ereignisse einigermassen verständlich und zusammenhängend erscheinen zu lassen, hat Josephus sich aus seiner Quelle herausgesucht und in engem Anschluss an ihren Gedankengang excerpiert. Alles Uebrige ist einfach weggelassen. Es sind daher vornämlich Detailangaben fortgefallen, aber auch wichtigere Mitteilungen, wie z. B. an unserer Stelle der zweite Feldzug des Kyzikeners mit den sich daran schliessenden Begebenheiten im Polemos spurlos verschwunden ist. — In der Archäologie hat Josephus den Inhalt seiner Quelle in grösserem Umfange sich angeeignet: aber auch hier überspringt er, wie die letzte Partie des aus dem Polemos oben mitgeteilten zeigt, ganze Abschnitte, ohne ihren Inhalt auch nur mit e i n e m Wort anzudeuten.

Meine Meinung geht also, um das Resultat noch einmal kurz zusammenzufassen, dahin, dass Josephus die einzelnen Quellen, wie sie in der Darstellung des XII. und XIII. Buchs der Archäologie zu Tage treten, nicht direct benutzt, sondern schon in einem grösseren Werk verarbeitet vorgefunden hat. Aus dieser Quelle, deren Verfasser auch die syrische Geschichte, — wahrscheinlich in einem eigenen Werk — behandelte, sind die Darstellungen in den Altertümern und in dem Jüd. Krieg unabhängig von einander entlehnt.

Auf eigener Arbeit des Josephus bei der Abfassung dieser Partie der Altertümer beruht ausser kleineren Zuthaten die Einfügung von Citaten aus griechischen Historikern, welche mit Namen angeführt werden. Den Nachweis werde ich weiter unten zu führen suchen.

Eine weitere Aufgabe der Forschung wird, wenn das gefundene Resultat vor der Kritik standhält, darin bestehen, die benutzte Schrift, so gut wie es geht, näher nachzuweisen. Jetzt schon den Versuch dazu zu machen, würde unnütz sein und nichts anderes heissen, als auf dem vielleicht schwachen Grunde einer Hypothese eine andere aufbauen. An Andeutungen, die zu einer näheren Bestimmung der Quelle dienen können, fehlt es allerdings nicht, wenn sie auch nicht auf den Namen des Verfassers, sondern nur auf Vaterland und Lebenszeit hinweisen.

III.

Die ersten Quellen.

Ich gehe jetzt dazu über, die ersten Quellen zu untersuchen, aus denen die Darstellung des Anonymus, wie sie jetzt in der Archäologie vorliegt, zusammengesetzt ist.

Dabei verschiebe ich die Untersuchung über das I. Makkabäer-Buch, welches nach der Oekonomie der Archäologie zuerst in Betracht kommen würde, bis zum Schluss.

Ueber die Nachrichten, welche das Hohepriestertum betreffen und ebenfalls ursprünglich eine Quelle für sich gebildet haben, ist das Nötige schon oben gesagt worden.

Wir haben uns demnach zunächst mit den Quellen zu beschäftigen, aus denen die zweite Hälfte des XIIIten Buches der Altertümer genommen ist.

Daran wird sich die Untersuchung über die erste Quelle der auf syrische und ägyptische Geschichte bezüglichen Nachrichten und über die Benutzung der griechischen Historiker, welche Josephus im XII. u. XIIIten Buch mit Namen anführt, schliessen.

Cap. 1.

Jos. A. J. XIII, 7—16, 6.

Die Benutzung des I. Makkabäer-Buchs hört, wie wir weiter unten nachweisen werden, mitten in der Regierungszeit Simons auf. Die neue Quelle, welche dort beginnt, erzählt die Geschichte des jüdischen Volkes unter der Regierung des Hyrkan I. (— 10, 7), Aristobul I. (11, 1—3), Alexander Jannai (12, 1—15, 5) und der Königin Alexandra (16, 1—6).

Mit dem XIVten Buch, dem Bruderkriege zwischen Hyrkan II. und Aristobul II., beginnt eine neue Quelle, wie die von einem ganz anderen Geiste beseelte Darstellung, das Auftreten einer anderen Jahrrechnung und wohl auch die in einem feierlichen Ton gehaltene praefatio des Josephus zeigen.

Für den letzten Teil des XIIIten Buches zeigt sich nun ganz dieselbe Erscheinung, die wir in den früheren Partien beobachten:

zwei, ursprünglich von einander getrennte Berichte sind zu einem Ganzen zusammengefügt; der eine ist aus einer griechischen Quelle geflossen, der andere verrät jüdischen Ursprung. Das Verhältnis Beider zu einander ist aber ein anderes geworden: die jüdische Quelle, welche in dem I. Makkabäer-Buch so reichlich floss, tritt mehr und mehr zurück, die griechische wird redseliger.

Die Scheidung beider Quellen lässt sich noch leicht ausführen, da sie nur lose in einander gefügt sind. Der Feldzug des Antiochus von Side gegen Hyrkan I., der Kampf zwischen Demetrius und Alexander Zabina, die Eroberung von Samaria durch Hyrkans Söhne u. a. gehen auf die griechische Quelle zurück; der Traum Hyrkans von dem Siege seiner Söhne, sein Abfall vom Pharisäertum und die Schlussworte 10, 7 verraten jüdischen Ursprung. Die Erzählung von der einjährigen Herrschaft Aristobuls beschränkt sich fast ganz auf eine ausführliche Darstellung seines Brudermordes, die auf eine jüdische Quelle hinweist. Derselbe Ursprung ist für 12, 1 anzunehmen, wo wieder ein Traumgesicht Hyrkans mitgeteilt wird. Mit 12, 2 setzt die griechische Quelle in grösserem Umfange wieder ein; bis 15, 4 erzählt sie in wechselnder Ausführlichkeit die Thronstreitigkeiten der syrischen Fürsten und ihre Kriege mit den Juden. Nur an zwei Stellen wird sie von der einheimischen Quelle unterbrochen: das eine Mal 13, 5, wo der Ursprung der Feindschaft zwischen König Alexander und seinen Unterthanen berichtet wird, und 14, 2, wo ein Zug von der Grausamkeit des Königs wider seine Gegner mitgeteilt wird. Damit hängt zusammen die Erzählung von seinem Tode (15, 5). — Für die Regierung seiner Nachfolgerin überwiegt wieder an äusserem Umfang die einheimische Quelle; nur 16, 3 (Ende) und 4 deuten auf anderen Ursprung hin.

Dürftig genug ist diese Quelle — oder mögen es ursprünglich mehrere kleinere Darstellungen gewesen sein — welche der Anonymus für seine Erzählung benutzt hat. Aus der ganzen neunjährigen Regierungszeit Alexandras giebt sie in der ersten Hälfte nichts weiter, als einzelne Züge über ihr Verhältnis zu den Pharisäern, wobei sie durch Aufwand von Worten den inneren Gehalt ersetzen zu wollen scheint; die zweite Hälfte wird ausgefüllt durch die Ereignisse unmittelbar vor dem Tode der Königin, als Aristobul sich die Nachfolge zu sichern suchte. Ebenso wortreich schildert sie Alexanders Grausamkeit und Tod und den Bruch Hyrkans mit den Pharisäern (10, 5 und 6).

Wie man sieht, tragen alle diese Nachrichten einen einheitlichen Character, da allen die Beziehung auf das Verhältnis zwischen Königtum und Pharisäertum gemeinschaftlich ist. Dies Verhältnis wird als ein rein persönliches aufgefasst: Die Veränderungen in der inneren Politik, die unter Hyrkan I. und Alexander stattfanden, werden daher auch auf rein persönliche Motive zurückgeführt. Die alberne Beleidigung eines Pharisäers entfremdet Hyrkan seinen bisherigen Anhängern und lässt ihn sich den Sadduzäern anschliessen; ein Unfug des Pöbels am Laubhüttenfeste führt den Bürgerkrieg zur Zeit Alexander Jannais herbei. Dazu kommt, dass die Quelle eine grosse Vorliebe für übernatürliche Erscheinungen zeigt. Dem Hyrkan wird die Gabe der Prophetie zugeschrieben (XIII., 10, 7); er verkündet im Voraus, dass die Herrschaft seinen beiden ältesten Söhnen nicht bleiben werde (ibid.); er erfährt den Sieg seiner Söhne über Antiochus Kyzikenus durch ein Traumgesicht in der nämlichen Stunde, in welcher er erfochten wurde (XIII, 10, 3). Aehnliche Geschichten finden sich im weiteren Verlauf der Erzählung: Der Essener Judas, *οὐδέποτε ἐν οἷς προεῖπε διαψευσάμενος τἀληθές*, verkündet den Tod des Antigonus und erlebt in wunderbarer Weise die Erfüllung seiner Weissagung (XIII, 11, 2); gleich darauf folgt eine andere Wundergeschichte *κατὰ δαιμόνιον πρόνοιαν* (11, 3); Hyrkan endlich sieht die Schicksale seiner Söhne im Traume (12, 1).

Ebenso zeigt die Quelle eine ausgeprägte Neigung für das Grausige, bei dessen Darstellung sie gerne verweilt und in dessen Uebertreibung sie sich offenbar gefällt. So bei der Erzählung von der Unmenschlichkeit des Ptolemäus, welcher bei der Belagerung des Castells Dagôn Hyrkans Mutter und Geschwister auf die Mauer führen lässt, mit der Drohung, sie herabstürzen zu lassen, wenn Hyrkan den Angriff nicht aufgäbe: *ὁ δ' ὅσον ἂν ἐνδοίη τῆς περὶ τὴν αἵρεσιν τοῦ χωρίου σπουδῆς, τοσοῦτο χαρίζεσθαι τοῖς φιλτάτοις ἡγούμενος πρὸς τὸ μὴ κακῶς πάσχειν, ἐξέλυε τὸ πρόθυμον. ἡ μέντοι μήτηρ ὀρέγουσα τὰς χεῖρας ἱκέτευε μὴ μαλακίζεσθαι δι' αὐτήν, ἀλλὰ πολὺ πλέον ὀργῇ χρώμενον ἑλεῖν σπουδάσαι τὸ χωρίον καὶ τιμωρῆσαι τοῖς φιλτάτοις κτλ.* Ferner bei Aristobul I. der nach seiner Thronbesteigung seine Brüder und seine Mutter ins Gefängnis wirft *καὶ μέχρι τοσαύτης ὠμότητος προῆλθεν ὥςτ' αὐτὴν καὶ λιμῷ διαφθεῖραι δεδεμένην* (XIII, 11, 1); bei Alexander, der 6000 seiner Unterthanen wegen einer persönlichen Beleidigung niedermetzeln und später 800 vornehme Juden, Anhänger der Pharisäer, hinrichten lässt: *ἑστιώμενος ἐν ἀπόπτῳ μετὰ τῶν παλλακίδων ἀνασταυρῶσαι προςέταξεν αὐτῶν ὡς ὀκτακοσίους, τοὺς δὲ παῖδας αὐτῶν καὶ τὰς γυναῖκας ἔτι ζώντων παρὰ τὰς ἐκείνων ὄψεις ἐπέσφαττεν* (14, 2).

Alle diese Beobachtungen scheinen mir darauf hinzudeuten, dass wir es mit einer Erzählung zu thun haben, in welcher durch den Einfluss der Sage die geschichtlichen Ereignisse bereits entstellt sind. Die schriftlichen Aufzeichnungen, auf die sie zurückgeht, müssen auf der Tradition beruht haben: darauf weis't auch der Umstand hin, dass die Erzählung so ausserordentlich dürftig an chronologischen Angaben ist, ein Umstand, der dem Leser besonders auffällig entgegentritt, wenn er von der auf dem I. Makkabäer-Buch beruhenden Darstellung der vorhergehenden Epoche zu dieser Partie der Altertümer übergeht. Die einzige Zeitbestimmung betrifft den Feldzug des Antiochus von Side gegen Hyrkan: *τετάρτῳ μὲν ἔτει τῆς βασιλείας αὐτοῦ, πρώτῳ δὲ τῆς Ὑρκανοῦ ἀρχῆς, ὀλυμπιάδι ἑκατοστῇ καὶ ἑξηκοστῇ δευτέρᾳ* (8, 2) —, also ein Ereignis, welches nicht allein der jüdischen, sondern auch der syrischen Geschichte angehört. Die übrigen vier oder fünf chronologischen Angaben geben keine bestimmte Datierung der Ereignisse, sondern nur Lebens- und Regierungsjahre der jüdischen Könige.

Endlich kann noch der grösste Teil der hier erwähnten Ereignisse in der jüdischen Ueberlieferung nachgewiesen werden. Ich verweise hierüber auf Grätz[1]) und Derenbourg.[2])

---

[1]) In den Noten zum 3ten Bande der „Geschichte der Juden."

[2]) Essai sur l'histoire et la géographie de la Palaestine, d'après les Thalmuds, et les autres sources rabbiniques. pag. 70 ff.

Alle die Momente, welche ich eben geltend gemacht habe, sprechen, wie ich glaube, entschieden gegen die Vermutung, welche Bloch zu beweisen sucht.[1]) Am Ende des I. Makkabäer-Buchs findet sich nämlich die Bemerkung: „Was aber Johannes hernach gethan und die Kriege, die er geführet hat, und wie er regieret und gebauet hat, das ist alles beschrieben in einem eigenen Buch von der Zeit seines Regiments, so lange er nach seinem Vater Hohepriester gewesen ist (XVI., 23, 24).“ Die hier genannte Schrift, glaubt Bloch, habe Josephus für die Regierungszeit Hyrkans vorgelegen. Seine Beweisführung ist folgende: die Darstellung bei Josephus verrät eine jüdische Quelle; zwei Nachrichten, die er bringt, sind auch in der Tradition vorhanden. „*Wir werden daher alle die besprochenen Nachrichten auf die I. M. B. 16, 24 genannte Schrift zurückführen können*“ (p. 92). Die Prämissen beruhen auf richtiger Beobachtung; wie man aber aus ihnen einen Schluss auf die Benutzung der Jahrbücher ziehen kann, ist mir unerfindlich. Die βιβλία ἡμερῶν ἀρχιερωσύνης müssen wir uns doch ohne Zweifel in annalistischer Form abgefasst denken, in ähnlicher Weise, wie das I. Makkabäer-Buch, das ja zu ihrer Ergänzung geschrieben ist. Wo ist denn diese Chronologie abgeblieben? Die ganze Fassung des Berichts, wie er in der Archäologie vorliegt, deutet auf Alles eher hin als auf den Ursprung aus Jahrbüchern, und auch der Inhalt würde sicherlich ein viel reicherer sein, wenn eine so vortreffliche Quelle, wie es die gleichzeitigen Jahrbücher gewesen sein müssen, ihn hergegeben hätte.[2])

Das Leben seines Nachfolgers führt Bloch weiter auf eine Quelle zurück, „die Aristobuls Leben geschildert hat und von dem Aristobul nahestehenden Personen abgefasst wurde“ (p. 95). Zwar liesse sich nicht nachweisen, dass über Aristobul Aufzeichnungen gemacht wären, aber wir dürften annehmen, dass „auch dessen

---

[1]) Quellen des Jos. in seiner Archäologie, Leipzig 1879. pag. 90 ff. — Dasselbe als unerwiesene Vermutung bei Nussbaum in seiner unten zu erwähnenden Schrift.

[2]) Es ist wohl überflüssig darauf aufmerksam zu machen, dass von der Angabe des I. Makk.-Buchs, in den Jahrbüchern sei zu lesen gewesen „wie Hyrkan gebauet habe“, sich in der Archäologie auch nicht die leiseste Spur findet.

Thätigkeit wie die seiner Vorgänger für die Nachwelt aufgezeichnet wurde, und dass Josephus noch in der Lage war, diese Aufzeichnungen einzusehen.“ (ibid.)

Zur Begründung führt er einzig und allein an, dass die Darstellung einen dem Könige günstigen Character trage. Das ist allerdings in sofern der Fall, als die Ermordung des Antigonus weniger dem Könige selbst als den Intriguen seiner Umgebung zugeschrieben wird. Aber in demselben Abschnitt steht: *στέργων δὲ τῶν ἀδελφῶν τὸν μετ' αὐτὸν Ἀντίγονον, τοῦτον μὲν τῶν ὁμοίων ἠξίου, τοὺς δ' ἄλλους εἶχεν ἐν δεσμοῖς. εἷρξε δὲ καὶ τὴν μητέρα περὶ τῆς ἀρχῆς αὐτῷ διενεχθεῖσαν . . . καὶ μέχρι τοσαύτης ὠμότητος προῆλθεν ὥςτ' αὐτὴν καὶ λιμῷ διαφθεῖραι δεδεμένην.* Sollen wir hierfür vielleicht eine zweite Quelle annehmen? [2])

Welche Quellen Bloch für die Regierungszeit des Alexander Jannai und der Alexandra annimmt, erfahren wir nicht.

Cap. 2.

Die erste Quelle der Syriaca und Aegyptiaca.

Der unbekannte Verfasser der Quelle, aus welcher Josephus seine Nachrichten für das XII. und XIIIte Buch der Archäologie schöpfte, fand in seinen jüdischen Quellen die gleichzeitige Geschichte des Auslandes, trotz ihres engen Zusammenhanges mit den nationalen Begebenheiten, mehr oder weniger ungenügend berücksichtigt. Um diesem Mangel abzuhelfen, gab er aus griechischen Quellen Mitteilungen über die Ereignisse in den Nachbarstaaten, namentlich dem Reiche der Seleuciden und nach ihm dem der Ptolemäer.

Diese Mitteilungen beginnen im XIten Buch der Altertümer mit der Umwälzung, welche der Alexanderzug für die Verhältnisse der orientalischen Staaten herbeiführte, und erstrecken sich über das XII. und XIIIte bis zum Einfall des Tigranes von

---

[1]) Wie unsagbar arm an historischem Gehalt die für Aristobuls Leben benutzte Jüdische Quelle gewesen ist, darauf werde ich noch in einem anderen Zusammenhang hinweisen.

von Armenien in Syrien. Sie dienen zugleich dazu, um die ursprünglich von einander unabhängigen Berichte, welche aus jüdischen Quellen stammen, mit einander zu verbinden und zu einem geschlossenen Ganzen zusammenzufügen. Obgleich sie durch die jüdischen Erzählungen äusserlich getrennt sind, so stellen sie doch ebenfalls, wenn man die letzteren herauslös't, ein zusammenhängendes Ganze dar: jeder Einzelne der getrennten Abschnitte schliesst unmittelbar an den Inhalt des nächst vorhergehenden an. Auf diese Weise erhalten wir wenigstens für die Geschichte des Seleucidenreiches eine fortlaufende Darstellung.

Der Umfang der Mitteilungen ist ein verschiedener. Für die älteren Zeiten geben sie in grossen Umrissen die Hauptereignisse. Späterhin wechselt dies mit detaillirteren Erzählungen. Je spärlicher im XIIIten Buch die jüdischen Quellen werden, desto ausführlicher wird der griechische Bericht.

Immer aber setzt er auch dort eine noch eingehendere Darstellung voraus.[1]) Auf diese wird mit den Worten *ὡς καὶ ἐν ἄλλοις δεδηλώκαμεν* und ähnlichen hingewiesen, mag nun der Verfasser damit auf ein anderes von ihm verfasstes Werk über syrische Geschichte oder auf andere Partien innerhalb der Schrift hinweisen, deren einen Bestandteil die Darstellung der Geschichte des jüdischen Volkes bildete.

Die Untersuchung über die griechischen Quellen, aus denen der Verfasser seine Mitteilungen schöpfte, wird uns wesentlich erleichtert durch die fleissige und umsichtige Arbeit Moritz Nussbaums,[2]) welcher die Nachrichten in der Archäologie über die

---

[1]) Dies geht z. B. daraus hervor, dass von Männern, welche eine untergeordnete Rolle spielen, wie von bekannten Persönlichkeiten gesprochen wird. Vgl. z. B. A. J. XIII., 3 *ἐπεὶ δὲ πολλοὺς τῶν στρατιωτῶν ἀπώλλυεν* (Antioch. v. Kyzikus) *ἐνέδραις περιπίπτων, ἀπῆρεν εἰς Τρίπολιν, Καλλιμάνδρῳ καὶ Ἐπικράτει τὸν πρὸς τοὺς Ἰουδαίους πόλεμον ἐπιτρέψας.* XIII., 12. 3 *ἐν τούτῳ δὲ τοὺς Πτολεμαιεῖς Δημαίνετος, πιθανὸς ὢν αὐτοῖς τοτε καὶ δημαγωγῶν, μεταβάλλεσθαι τὰς γνωμὰς ἐποίησεν.* XIII., 12. 5 *θάρσος δὲ οὐκ ὀλίγον αὐτοῖς ἐνεποίησεν ὁ τακτικὸς Φιλοστέφανος, διαβῆναι κελεύσας κτλ.* Der Erzähler setzt offenbar bei seinen Lesern die Bekanntschaft mit Kallimander u. s. w. voraus.

[2]) Observationes in Fl. Josephi antiquitates XII., 3 — XII., 14. Diss. inaug. Götting. 1875.

Zeit von der Thronbesteigung Antiochus des Grossen bis zu Antiochus Eusebes herab auf ihren Ursprung hin prüft. Als Resultat hat sich ihm ergeben, dass sie auf **Polybius** und auf seinen Fortsetzer **Posidonius** zurückgehen. Zu demselben Resultat hat meine von Neuem angestellte Untersuchung geführt.

Ich kann mich daher hier auf die Erörterung einiger Einzelnheiten beschränken, in denen ich von Nussbaum abweichen zu müssen glaube.

Nussbaum führt zunächst die Nachrichten über Antiochus den Grossen — was vorhergeht, ist zu allgemein gehalten, als dass ein Quellennachweis erforderlich oder möglich wäre — auf Polybius zurück. Das Stillschweigen des Anonymus — denn ihn setze ich an allen Stellen, wo Nussbaum vom Josephus spricht — über die Schlacht bei Raphia im Kriege um Coelesyrien hat ihm dabei, wie ich glaube, grössere Bedenken gemacht als nötig gewesen wäre. Wir dürfen nicht ausser Acht lassen, dass der Anonymus die Kenntnis seiner ausführlicheren Darstellung bei dem Leser voraussetzt; in diesem Falle musste dieser durch den Ausdruck *κακοπαθεῖν συνέβαινεν αὐτοῖς* (den Juden) *καὶ νικῶντος καὶ πταίοντος αὐτοῦ* (Antiochus) über das wechselnde Kriegsglück des Königs und somit auch über seine Niederlage bei Raphia genügend orientiert sein.

Für die Erneuerung des Kampfes nach dem Tode des Ptolemäus Philopator versichert Josephus selbst die Uebereinstimmung seiner Erzählung mit Polybius Buch XVI. (A. J. XII., 3, 3). Auffallend bleibt mir dabei nur, dass die vorhergehende Erzählung mehr bietet als das **wörtliche** Citat aus Polybius; davon, dass die Juden *τῇ πόλει δεξάμενοι* (den Antiochus) *πάσῃ αὐτοῦ τῇ στρατιᾷ καὶ τοῖς ἐλέφασιν ἀφθονίαν παρέσχον καὶ τοὺς ὑπὸ Σκόπα καταλειφθέντας ἐν τῇ ἄκρᾳ τῶν Ἱεροσολύμων φρουροὺς πολιορκοῦντι προθύμως συνεμάχησαν*, findet sich dort nichts.[1])

Die weitere Untersuchung kämpft mit den Schwierigkeiten, welche aus der Dürftigkeit der erhaltenen Parallelberichte erwächst.

---

[1]) Das Versprechen des Polybius, an anderer Stelle ausführlichere Mitteilungen geben zu wollen, bezieht sich offenbar nicht auf die den Scopas betreffenden Ereignisse, sondern auf das jüdische Volk im Allgemeinen.

Nussbaum hat aus den Ueberresten der Historiker, welche notorisch aus Polybius geschöpft haben, alles zusammengetragen, was zu einer Controlle der Angaben in der Archäologie dienen kann. Es ist ihm selbst aber nicht entgangen, dass es nur ausreicht, um für den Verlauf der Ereignisse im Ganzen und Grossen die Uebereinstimmung mit polybianischen Nachrichten nachzuweisen. Sobald es sich um detailliertere Erzählung handelt — z. B. für die Vorgänge nach dem Tode des Antiochus Epiphanes (XIII., 9, 2), für den Tod des Demetrius II (XIII., 2, 4) —, lässt uns die Ueberlieferung völlig im Stich. Ich glaube daher, dass Nussbaum sein Ergebnis am besten negativ ausgedrückt hätte: es lässt sich nichts nachweisen, was einer Herleitung aus Polybius widerspräche.

Aber selbst dies Resultat würde meiner Meinung nach in bedenklicher Weise gefährdet werden, wenn Nussbaums eigene Erörterungen auf pag. 23 ff. richtig wären. Es handelt sich um Ptolemäus Teilnahme in dem Kampfe zwischen Alexander Balas und Demetrius II. Sie erscheint in den Berichten, welche uns erhalten sind, in verschiedenem Lichte: das I. Makkabäer-Buch (XI., 1 ff.) ist dem Ptolemäer geradezu ungünstig. Es erzählt, Philometor habe hinter dem Vorwande, seinem Schwiegersohn Hülfe bringen zu wollen, nur seine eigennützigen Absichten auf Syrien verborgen; er habe sich der festen Plätze bemächtigt und angeblich, weil Balas ihm nach Thron und Leben getrachtet habe, sich offen von ihm losgesagt.[1]) Nach der Archäologie XIII., 4, 5 kommt Ptolemäus in redlicher Absicht nach Syrien; erst nach der Entdeckung der Nachstellungen, welche ihm von Ammonius mit Wissen Alexanders bereitet wurden, verlässt er die Sache seines Schwiegersohnes, trennt dessen Ehe mit Cleopatra und verbindet sich mit dem Prätendenten. Diodor endlich (XXXII., 9c edit. Lips. 1868) teilt die Auffassung des I. Makkabäer-Buchs.

---

[1]) I. Makk.-B. XI., 1 καὶ ὁ βασιλεὺς Αἰγύπτου ἤθροισε δυνάμεις πολλὰς ὡς τὴν ἄμμον τὴν περὶ τὸ χεῖλος τῆς θαλάσσης καὶ πλοῖα πολλὰ καὶ ἐζήτησε κατακρατῆσαι τῆς βασιλείας Ἀλεξάνδρου δόλῳ καὶ προσθεῖναι αὐτὴν τῇ βασιλείᾳ αὐτοῦ. 2 καὶ ἐξῆλθεν εἰς Συρίαν λόγοις εἰρηνικοῖς, καὶ ἤνοιγον αὐτῷ οἱ ἀπὸ τῶν πόλεων καὶ συνήντων αὐτῷ, ὅτι ἐντολὴ ἦν Ἀλεξάνδρου . . . 8 ὁ δὲ βασιλεὺς Πτολ. ἐκυρίευσε τῶν πόλεων τῆς παραλίας . . . καὶ διελογίζετο περὶ Ἀλεξάνδρου λογισμοὺς πονηρούς κτλ.

Die Darstellung der Archäologie stimmt also — so argumentiert Nussbaum — weder mit dem Makkabäer-Buch noch mit Diodor; da nun aber Polybius an einer anderen Stelle, wo er von dem Tode Philometors spricht (XL, 12), vom Ptolemäus sage *πρᾶος μὲν ἦν καὶ χρηστὸς, εἰ καί τις ἄλλος τῶν προγεγονότων βασιλέων*, und Josephus XIII., 4, 7 ihn bezeichne als *χρηστὸς φύσει καὶ δίκαιος*, so sei es offenbar, dass der Bericht der Archäologie auf Polybius zurückgehe. Diodor müsse hier eine andere Quelle benutzt haben (p. 25). Dies sei Posidonius gewesen, dessen Geschichte, wie daraus hervorgehe, nicht mit dem Jahre 146, sondern etwa 149 v. Chr. angefangen habe (p. 41 ff.).

Ich kann nicht verhehlen, dass ich gegen diese Schlussfolgerung grosse Bedenken habe. Weshalb sollte Diodor die Benutzung des Polybius vor dem Ende der Historien aufgegeben haben? Das scheint mir so wenig wahrscheinlich zu sein, dass ich, wenn wirklich offenbare Widersprüche zwischen Diodor und Josephus vorhanden wären, eher die Entlehnung des flavianischen Berichtes aus Polybius für unwahrscheinlich halten würde. Ich möchte aber glauben, dass sich die Darstellungen bei Diodor und Josephus ungezwungen auf dieselbe Quelle zurückführen lassen. Um das zu beweisen, stelle ich beide Berichte neben einander:

Diodor XXXIII., 9 C.:	Jos. A. J. XIII., 4, 5:
Ὅτι Πτολεμαῖος ὁ Φιλομήτωρ ἧκεν εἰς Συρίαν συμμαχήσων Ἀλεξάνδρῳ δι᾽ οἰκειότητα. καταγνοὺς δὲ αὐτοῦ τῆς ψυχῆς παντελῆ ἀδυναμίαν καὶ προσποιηθεὶς ἐπιβουλεύεσθαι, τὴν μὲν θυγατέρα Κλεοπάτραν ἀπήγαγε πρὸς Δημήτριον, καὶ συνθέμενος φιλίαν ἐνεγύησεν αὐτῷ ταύτην.	*Ὑπὸ δὲ τοῦτον τὸν καιρὸν καὶ ὁ βασιλεὺς Πτολεμαῖος ὁ φιλομήτωρ ἐπικληθεὶς ἄγων δύναμιν ναυτικὴν καὶ πεζὴν εἰς Συρίαν ἧκεν, συμμαχήσων Ἀλεξάνδρῳ· γαμβρὸς γὰρ ἦν αὐτοῦ. καὶ πᾶσαι αἱ πόλεις αὐτὸν Ἀλεξάνδρου κελεύσαντος ἐκδεχόμεναι παρέπεμπον ἕως Ἀζώτου . . .* *γενόμενος δὲ ἐν Πτολεμαΐδι παρὰ πᾶσαν προσδοκίαν μικροῦ διεφθάρη Πτολεμαῖος, ἐπιβου-*

οἱ δὲ περὶ Ἱέρακα καὶ Διόδοτον τοῦ Ἀλεξάνδρου κατεγνωκότες.	λευθεὶς ὑπ' Ἀλεξάνδρου δι' Ἀμμωνίου, ὃς ἐτύγχανεν αὐτῷ φίλος ὤν. φανερᾶς δὲ τῆς ἐπιβουλῆς γενομένης. Πτολεμαῖος γράφει τῷ Ἀλεξάνδρῳ ἐξαιτῶν τὸν Ἀμμώνιον, ἐπιβουλευθῆναι λέγων πρὸς αὐτοῦ καὶ δίκην διὰ τοῦτ' αὐτὸν ἀξιῶν ὑποσχεῖν. οὐκ ἐκδιδόντος δὲ τοῦ Ἀλεξάνδρου, συνεὶς αὐτὸν ἐκεῖνον εἶναι τὸν ἐπιβουλεύσαντα χαλεπῶς πρὸς αὐτὸν διετέθη. τοῖς δ' Ἀντιοχεῦσι καὶ πρότερον ἦν προσκεκρουκὼς Ἀλ. διὰ τὸν Ἀμμώνιον· πολλὰ γὰρ ὑπ' αὐτοῦ ἐπεπόνθεισαν κακά . . .
	Ptolemäus trennt die Ehe Alexanders und verheirathet seine Tochter mit Demetrius.
τὸν δὲ Δημήτριον φοβούμενοι διὰ τὰς εἰς τὸν πατέρα γεγενημένας ἁμαρτίας, ἀνέσεισαν τοὺς Ἀντιοχεῖς πρὸς ἀπόστασιν. καὶ τὸν Πτολεμαῖον εἰς τὴν πόλιν δεξάμενοι διάδημα περιέθηκαν καὶ τὴν βασιλείαν ἐνεχείρισαν.	ἓν δ' ἔτι Πτολεμαίῳ λοιπὸν ἀγώνισμα ὑπελείπετο, πεῖσαι τοὺς Ἀντιοχεῖς δέξασθαι Δημ., ἀπεχθῶς πρὸς αὐτὸν διακειμένους ὑπὲρ ὧν ὁ πατὴρ αὐτοῦ Δημ. εἰς αὐτοὺς παρηνόμησε. Es gelingt ihm: die Antiochener verjagen Alexander. (Πτολεμαῖος δὲ) ἐλθὼν πρὸς τοὺς Ἀντ. βασιλεὺς ὑπ' αὐτῶν καὶ τῶν στρατιωτῶν ἀναδείκνυται, καὶ ἀναγκασθεὶς δύο περιτίθεται διαδήματα . . .
ὁ δὲ τῆς μὲν βασιλείας οὐκ ὀρεγόμενος, τὴν δὲ Κοίλην Συρίαν ἐπιθυμῶν προσκτήσασθαι, συνέθετο πρὸς Δημ. καινοπραγίαν	χρηστὸς δὲ ὢν φύσει καὶ δίκαιος καὶ τῶν ἀλλοτρίων οὐκ ἐφιέμενος und aus Rücksicht auf Rom . . . . . πείθει τοὺς Ἀντιοχεῖς

ἰδίᾳ, κυριεύειν Πτολ. τῆς Συρίας, τὸν δὲ Δημ. τῆς πατρῴας βασιλείας.

δέξασθαι τὸν Δημ., λέγων οὐδενὸς μνησικακήσειν αὐτοῖς ὑπὲρ τοῦ πατρὸς αὐτὸν εὐεργεθέντα, διδάσκαλός τε ἀγαθῶν αὐτῷ καὶ ἡγεμὼν ἔσεσθαι διωμολόγει, καὶ φαύλοις ἐγχειροῦντι πράγμασιν οὐκ ἐπιτρέψειν ὑπέσχετο· αὐτῷ δ' ἔφασκεν ἀρκεῖν τὴν τῆς Αἰγύπτου βασιλείαν.

Diese Zusammenstellung zeigt zunächst, dass in allen thatsächlichen Angaben und in der Anordnung der Ereignisse völlige Uebereinstimmung zwischen Beiden herrscht. Die Abmachung zwischen Ptolemäus und Demetrius in Betreff Coelesyriens wird in der Archäologie nicht ausdrücklich erwähnt: aber einerseits scheint doch auf sie Demetrius' Verhalten nach Philometors Tode, wie es XIII., 4, 9 dargestellt wird, hinzuweisen, und andererseits kann, da der Anonymus auch hier seine ausführliche Erzählung voraussetzt, sein Stillschweigen über ein Ereignis nicht als Beweismoment gegen die Uebereinstimmung mit Diodor angeführt werden. Die Nachstellungen von Seiten Alexanders werden allerdings bei Diodor durch den Ausdruck προσποιηθεὶς ἐπιβουλεύεσθαι geradezu als ein erdichteter Vorwand bezeichnet; andererseits aber stimmt er mit der Archäologie doch darin überein, dass Ptolemäus anfangs wirklich die Unterstützung seines Schwiegersohnes beabsichtigt habe; das Makkabäer-Buch wirft ihm von vornherein Hinterlist vor. — Nussbaum sieht in dem προσποιηθεὶς einen Widerspruch mit der Angabe des Polybius, der König sei πρᾶος καὶ χρηστός gewesen. [1]) Ich glaube aber nicht, dass es gerechtfertigt ist diese Aeusserung aus ihrem Zusammenhange herauszureissen, in dem sie XL., 12 steht. Es heisst dort vom Ptolemäus: Πτολεμαῖος ὁ τῆς Συρίας βασιλεὺς κατὰ τὸν πόλεμον πληγεὶς ἐτελεύτησε τὸν βίον, κατὰ μὲν τινας μεγάλων ἐπαίνων καὶ τιμῆς ὢν ἄξιος, κατὰ δέ τινας τοὐναντίον. πρᾶος μὲν γὰρ ἦν καὶ χρηστὸς κτλ. Dann

[1]) pag. 25: „Flavius igitur perfidiae culpam a Ptolemaeo demovere studet (in Uebereinstimmung mit Polybius); contra versutum ac dolosum Aegyptiorum regem describit Diodorus."

wird zum Beweis für seine *πρᾳότης* auf einige Ereignisse hingewiesen. Am Schluss des Fragments deutet Polybius aber auch auf Schattenseiten in dem Character des Königs hin: *κατὰ μέντοι γε τὰς ἐπιτυχίας καὶ κατορθώσεις ἐξελύετο τῇ ψυχῇ, καί τις οἷον ἀσωτία καὶ ῥᾳθυμία περὶ αὐτὸν Αἰγυπτιακὴ συνέβαινεν καὶ κατὰ τὰς τοιαύτας διαθέσεις εἰς περιπετείας ἐνέπιπτεν.* Damit endet das Fragment: ob auch die Characteristik des Königs damit geendet hat, wissen wir nicht. Vielleicht hat er noch andere Züge hinzugefügt, die dem Könige nicht günstig waren. Und selbst wenn dieses nicht geschehen ist: schliesst denn die *χρηστότης*, die doch wohl die Tüchtigkeit als Herrscher bezeichnet, etwas Treulosigkeit in der Politik absolut aus?

Ich glaube daher, dass sich die Angaben über den Character des Königs bei Polybius mit Diodors Darstellung vereinigen lassen.

Anders steht es allerdings mit Josephus, bei dem die *χρηστότης* sich in *δικαιότης* verwandelt und von den Nachstellungen gegen Philometors Leben als von einer wirklich erwiesenen Thatsache gesprochen wird. Wir haben hier jedoch mit der Möglichkeit zu rechnen, dass das persönliche Urteil des Anonymus, dessen Vermittelung Josephus seine Darstellung verdankt, eine Modification der polybianischen Darstellung veranlasst haben kann. Daher lege ich mehr Gewicht auf die Uebereinstimmung in den Thatsachen, als auf die Beurteilung der Persönlichkeiten, und trage kein Bedenken, die Syriaca bis zum Jahre 146 auf Polybius zurückzuführen.

Von der Fortsetzung derselben nimmt Nussbaum an, dass sie auf Posidonius zurückgehn. Der Nachweis scheint mir mit Sicherheit geführt zu sein. Namentlich ist der Vergleich mit Justin. XXXVI., 1, 3 für den Partherkrieg Demetrius' II. (A. J. XIII., 3, 11) und der mit Diodor XXXIV., 1 für die Eroberung Jerusalems durch Antiochus von Side (A. J. XIII., 8, 2) beweiskräftig. Auch für diesen Abschnitt modificiere ich Nussbaums Resultat nur dahin, dass die Entlehnung aus Posidonius nicht auf directer Benutzung durch Josephus beruht, sondern durch den Anonymus vermittelt ist.

Damit erledigt sich auch die Controverse zwischen Nussbaum und Scheppig. Der letztere hat wahrscheinlich gemacht, dass Josephus in der Schrift gegen Apion die Kenntnis des Posidonius nur den Citaten Apions verdanke.[1]) Daraus würde dann hervorgehen, dass er Posidonius' Werk überhaupt nicht selbst vor Augen gehabt hat.

Ebenso fallen bei dem angenommenen Quellenverhältnis die Gründe weg, welche Bloch a. a. O. pag. 94 gegen Posidonius geltend gemacht hat, da sie nur gegen eine directe Benutzung desselben durch Josephus gerichtet sind.

Cap. 3.

Die mit Namen citierten griechischen Historiker.

Ausser den Nachrichten, welche durch Vermittelung des Anonymus aus Polybius und Posidonius in die Archäologie übergegangen sind, finden sich dort noch Citate mit bestimmter Namenangabe. Sie gehen zurück auf Polybius, Agatharchides, Strabon und Nicolaus von Damaskus.[2])

Bei allen diesen Historikern ist die Vermutung, sie seien von Josephus als Hauptquelle benutzt worden, schon durch die Art ihrer Anführung ausgeschlossen. „*Μαρτυρεῖ δὲ τῷ λόγῳ τούτῳ*" oder „*μάρτυς δὲ τούτων ἡμῖν ἐστιν*" ist die gewöhnliche Formel; dann folgt der Name des „Zeugen" mit *καί*, z. B. *μαρτυρεῖ δὲ τῷ λόγῳ τούτῳ καὶ Ἀγαθαρχίδης ὁ Κνίδιος ὁ τὰς τῶν διαδόχων πράξεις συγγραψάμενος* (A. J. XII., 1, 1). Durch dieses auch

---

[1]) R. Scheppig, De Posidonio Apamensi rerum gentium terrarum scriptore. Diss. inaug. Halle 1869. pag. 33 u. 36.

[2]) Für unseren Abschnitt der Altertümer kommen folgende Stellen in Betracht: Polybius *ἱστορία καθολική:* XII., 3, 3. XII., 9, 1 (Polemik gegen Pol. über den Tod des Antiochus Epiphanes).

Agatharchides *ὁ τὰς τῶν διαδόχων πράξεις συγγραψάμενος:* XII., 1, 1.

Strabon *ὑπομνήματα ἱστορικά:* XIII., 10, 4. XIII., 11, 3. XIII., 12, 6. XIV., 7, 2. XIV., 8, 3. XV., 1, 2. Die beiden übrigen Stellen (XIV., 4, 3 und XIV., 6, 4) sind anderer Art.

Nicolaus von Damaskus *ἱστορίαι:* XIII., 12, 6. XIII., 8, 4.

wird der Genannte offenbar der Hauptquelle gegenübergestellt.[1]). Wir können also gerade aus der Anführung schliessen, dass allenthalben, wo ein Historiker mit Namen genannt wird, der Hauptstock der Erzählung **wenigstens nicht direct** von Josephus aus ihm entnommen ist.

Damit werden alle Vermutungen hinfällig, die an die Anführung der Namen des Strabon oder Nicolaus geknüpft sind. Der Bericht im XIII ten Buch der Archäologie kann nicht auf sie zurückgehen. Strabon wird überhaupt für keine Partie der Altertümer **Hauptquelle**. Wie im XIII ten Buch seine Benutzung eine ganz gelegentliche ist, so bleibt sie es auch in der ferneren Darstellung der Archäologie.[2]) Mit Nicolaus wird die Sache vom XIV ten Buch an anders: die bisher gebrauchte Art, ihn anzuführen, hört auf.[3]) Seine Benutzung als Hauptquelle kann daher nur von da an stattgefunden haben, und hat es auch in der That, wie wir später nachweisen werden.

Für uns bleibt aber noch die Frage zu beantworten übrig, ob die Anführung der genannten Historiker auf **directer** Benutzung durch Josephus beruht. Wir haben oben die Beobachtung gemacht, dass er Quellenverweisungen aus seiner Vorlage ungeniert herübergenommen hat; dieselbe Erscheinung wird uns später wieder, bei der Untersuchung über Buch XIV ff., entgegentreten. Der Verdacht ist also an und für sich keineswegs ausgeschlossen, es könne mit den Citaten aus Polybius u. s. w. eine ähnliche Bewandtnis haben. Jedoch glaube ich annehmen zu müssen, dass er die mit Namen genannten Quellenschriften selbst vor Augen gehabt hat.

---

[1]) Bestätigt wird dies in den meisten Fällen durch eine Vergleichung des Inhalts der Citate mit der flavianischen Erzählung. Es ist unverkennbar, dass sie auf einen ganz anderen Zusammenhang hindeuten.

[2]) Ausgenommen den Feldzug des Pompeius in Judäa (in der ersten Hälfte des XIV ten Buchs). Da jedoch Josephus selbst hier ausdrücklich versichert *περὶ δὲ τῆς Πομπηίου καὶ Γαβινίου στρατείας ἐπὶ Ἰουδαίους γράφει Νικόλαος ὁ Δαμασκηνὸς καὶ Στράβων ὁ Καππάδοξ, οὐδὲν ἕτερος ἑτέρου καινότερον λέγων*, so ist die Frage, wen von Beiden er gerade ausgeschrieben habe, ganz gleichgiltig.

[3]) Citiert wird er noch XIV., 1, 2. XIV., 4, 3. XIV., 6, 4. XVI., 7, 1

Die Bekanntschaft mit ihnen dürften wir ohne Zweifel auch dann voraussetzen, wenn nicht seine Schrift gegen Apion sie bestimmt bezeugte.[1]) Vom Kennen bis zum Benutzen ist aber noch ein weiter Schritt. Das Fehlen der Citate an den Parallelstellen im Polemos kann darauf hindeuten, dass sie erst bei der Ausarbeitung der Altertümer zu der gemeinsamen Quelle hinzugezogen seien; es könnte jedoch auch auf das Streben nach Verkürzung zurückgeführt werden.

Aber der Umstand, dass die Benutzung Strabons auch im XIVten Buch in ganz ähnlicher Weise andauert, obgleich am Anfang dieses Buches ein Wechsel der Hauptquelle stattgefunden hat, beweist wenigstens für die *ὑπομνήματα ἱστορικά* eine directe Benutzung. Dazu kommt noch die eigentümliche Art, in der die Citate in die Haupterzählung eingefügt sind.

Josephus bezeichnet nämlich die genannten Historiker, wo er sie citiert, als „Zeugen“ für diejenige Erzählung, welche dem Citate zunächst vorhergeht. Die Art, wie er sich ausdrückt, ruft die Vermutung hervor, dass die vorhergehende Erzählung Eigentum der Hauptquelle gewesen sei und dass die Anführung des „Zeugnisses“ wirklich auf eine Uebereinstimmung zwischen ihr und dem „Zeugen“ hindeute. In Wahrheit verhält sich die Sache ganz anders: von dem, was den Inhalt des Citats bildet, hat die Hauptquelle gar nichts enthalten.

Das ergiebt sich durch eine genaue Untersuchung einer der Stellen aus Strabon. A. J. XIII., 11, 1—3 erzählt Josephus von Aristobul I. Die Erzählung ist dem König ungünstig: seine Brüder lässt er mit Ausnahme des Antigonus sofort nach seiner Thronbesteigung ins Gefängnis werfen; mit seiner Mutter macht er es ebenso; ja, die Erzählung lässt sie sogar im Kerker Hungers sterben. Den Antigonus endlich lässt er meuchlerisch niederstossen. Das letztere Verbrechen wird allerdings in der Darstellung etwas

---

[1]) c. Ap. I., 22. *οὐκ ὀκνήσω δὲ καὶ τὸν ἐπ' εὐηθείας διασυρμῷ, καθάπερ αὐτὸς οἴεται, μνήμην πεποιημένον ἡμῶν Ἀγαθαρχίδην ὀνομάσαι. διηγούμενος γὰρ κτλ.* II., 7: multi et digni scriptores super hoc quoque testantur, Polybius Megalopolitanus, Strabo Cappadox, Nicolaus Damascenus, Timagenes et Castor chronographus et Apollodorus; qui omnes dicunt etc.

gemildert, indem die Hauptschuld auf die Umgebung des Königs gewälzt wird, trotzdem aber erscheint dieser, wenn auch nur in den Selbstvorwürfen, die er gegen sich erhebt, durchaus in einem ungünstigen Licht. Um so auffallender klingt das Urteil, mit welchem Josephus seine Erzählung schliesst: φύσει δὲ ἐπιεικεῖ ἐκέχρητο καὶ σφόδρα ἦν αἰδοῦς ἥττων. Hier ist offenbar ein Widerspruch; seine Entstehung liegt offen zu Tage. Josephus fährt nämlich sogleich fort: μαρτυρεῖ τοῦτο καὶ Στράβων ἐκ τοῦ Τιμαγένους ὀνόματος λέγων οὕτως „Ἐπιεικής τε ἐγένετο οὗτος ὁ ἀνὴρ καὶ πολλὰ τοῖς Ἰουδαίοις χρήσιμος κτλ.. Aus diesem Citat stammt das ἐπιεικής des Josephus, und nicht dies allein, sondern überhaupt der ganze Inhalt seiner Schlussbemerkung, wie der Parallelismus Beider beweist:

ταῦτ' εἰπὼν ἐπαποθνήσκει τοῖς λόγοις, βασιλεύσας ἐνιαυτόν, χρηματίσας μὲν φιλέλλην, πολλὰ δ' εὐεργετήσας τὴν πατρίδα, πολεμήσας Ἰτουραίαν καὶ πολλὴν αὐτῶν τῆς χώρας τῇ Ἰουδαίᾳ προσκτησάμενος,[1]) ἀναγκάσας τε τοὺς ἐνοικοῦντας, εἰ βούλονται μένειν ἐν τῇ χώρᾳ, περιτέμνεσθαι καὶ κατὰ τοὺς Ἰουδαίων νόμους ζῆν. φύσει δὲ ἐπιεικεῖ ἐκέχρητο καὶ σφόδρα ἦν αἰδοῦς ἥττων.	Στράβων . . λέγων οὕτως· Ἐπιεικής τε ἐγένετο οὗτος ὁ ἀνὴρ καὶ πολλὰ τοῖς Ἰουδαίοις χρήσιμος. χώραν τε γὰρ αὐτοῖς προσεκτήσατο, καὶ τὸ μέρος τοῦ τῶν Ἰτουραίων ἔθνους ᾠκειώσατο, δεσμῷ συνάψας τῇ τῶν αἰδοίων περιτομῇ.

[1]) Wenn es noch erforderlich sein sollte, zu beweisen, wie gering der geschichtliche Inhalt der in der zweiten Hälfte des XIII. Buches benutzten jüdischen Quelle gewesen sei, so würde diese Stelle einen Beweis liefern, der Nichts zu wünschen übrig lässt. Die endgiltige Unterwerfung der Ituräer, vielleicht das einzige wichtige Ereignis, welches die kurze Regierung Aristobuls aufzuweisen hatte, war von ihr mit keiner Silbe erwähnt; Josephus musste sich an einen griechischen Historiker wenden, um die Nachricht davon zu erhalten. Ich glaube, dass man darin eine Bestätigung meiner pag 41 ff. geäusserten Ansicht sehen wird.

Also: die Regierungs- und Lebensjahre waren — wenn nicht auch sie anderswoher stammen sollten — die letzte Angabe, welche die Hauptquelle über Aristobul brachte. Josephus wollte aber noch seine Notiz aus Strabon verwerten: und da er sie nicht unvermittelt anhängen konnte, so schaffte er sich einen Uebergang, indem er den Inhalt des Citats paraphrasierte und dann die ipsissima verba Strabons hinzufügte.

Ganz dieselbe Erscheinung tritt uns an einer anderen Stelle entgegen.

Am Schluss des XIVten Buches berichtet Josephus das Ende des letzten Hasmonäerfürsten, des Antigonus, der nach der Einnahme Jerusalems durch Sossius und Herodes von Antonius hingerichtet wird. Das XVte Buch beginnt mit den Schicksalen Pollions und Sameas, berichtet von einigen Massregeln des neuen Herrschers und bringt dann plötzlich noch eine zweite Relation über Antigonus' Hinrichtung. Diese lautet (XV. 1, 2):

Ἀντώνιος δὲ λαβὼν αἰχμάλωτον τὸν Ἀντίγονον δέσμιον ἔγνω μέχρι τοῦ θριάμβου φυλάττειν. ἐπεὶ δ' ἤκουσε νεωτερίζειν τὸ ἔθνος, κἀκ τοῦ πρὸς Ἡρώδην μίσους εὔνουν Ἀντιγόνῳ διαμένον, ἔγνω τοῦτον ἐν Ἀντιοχείᾳ πελεκίσαι· σχεδὸν γὰρ οὐδαμῶς ἠρεμεῖν ἠδύναντο Ἰουδαῖοι.

Dann fährt er fort:

Μαρτυρεῖ δέ μου τῷ λόγῳ Στράβων ὁ Καππάδοξ λέγων οὕτως· Ἀντώνιος μὲν Ἀντίγονον τὸν Ἰουδαῖον ἀχθέντα εἰς Ἀντιόχειαν πελεκίζει· καὶ ἔδοξε μὲν οὗτος πρῶτος Ῥωμαίων βασιλέα πελεκίσαι, οὐκ οἰηθεὶς ἕτερον τρόπον μεταθεῖναι ἂν τὰς γνώμας τῶν Ἰουδαίων ὥστε δέξασθαι τὸν ἀντ' ἐκείνου καθεσταμένον Ἡρώδην. οὐδὲ γὰρ βασανιζόμενοι βασιλέα αὐτὸν ἀναγορεύειν ὑπέμειναν· οὕτω μέγα τι ἐφρόνουν περὶ τοῦ πρώτου βασιλέως. τὴν οὖν ἀτιμίαν ἐνόμισε μειώσειν τῆς πρὸς αὐτὸν μνήμης, μειώσειν δὲ καὶ τὸ πρὸς Ἡρώδην μῖσος.

An dieser Stelle ist das Verhältnis wo möglich noch klarer. Der Hauptquelle können wir doch nur eine Darstellung überweisen; die andere hat Josephus wieder aus Strabons Worten hergestellt und in die Erzählung hineingefügt.

An den übrigen Stellen hindert nichts ein ähnliches Verfahren von Seiten Josephus' anzunehmen. A. J. XIV., 8, 3 ist von der persönlichen Teilnahme Hyrkans II. an dem Feldzuge in Aegypten die Rede. Die Hauptquelle (Nicolaus von Damaskus, wie unten bewiesen werden wird) liess sie nicht deutlich genug hervortreten; sie knüpfte die Begebenheiten an den Namen des Antipater. In Strabons Darstellung (oder vielmehr in der des Asinius und Hypsicrates, welchen Strabon hier folgte) erschien Hyrkan als Repräsentant des jüdischen Volkes. Die Hauptquelle geht dort bis zu den Worten Ἀντιπάτρῳ δὲ πολιτείαν ἐν Ῥώμῃ δοὺς καὶ ἀτέλειαν πανταχοῦ. Dann kommen Josephus' eigene Worte, die den Uebergang zu dem Citat aus Strabon bilden, und endlich dieses selbst. [1])

A. J. VIII., 7, 2 bildet der Tempelraub des Crassus ungezwungen den Anknüpfungspunkt für die Digression im § 2 über den Reichtum des Tempels in Jerusalem, wobei zwei Stellen aus den Hypomnemata angeführt werden.

Ich vermute daher, dass auch XIII., 10, 4 die Erzählung von Chelkias und Ananias, den beiden Günstlingen der Cleopatra, erst von Josephus aus Strabon zu der Erzählung der Hauptquelle hinzugesetzt ist.

Es liegt nahe ein ähnliches Verfahren auch bei den Anführungen der übrigen griechischen Historiker zu vermuten. Und in der That steht dieser Vermutung bei den Citaten aus Agathar-

---

[1]) Es scheint mir nicht ganz richtig zu sein, wenn Niese (Hermes XI., p. 471) meint: „Josephus hat gar nicht bemerkt, dass (die beiden Citate aus Strabon, XIV., 8, 3) mit seiner eigenen früher (8, 1 vgl. B. J. I., 9, 3 ff.) gegebenen Darstellung nicht übereinstimmen; denn während Strabons Fragment von der Anwesenheit des Hyrkan in Aegypten redet, wird diese bei ihm ausgeschlossen." In den Worten μαρτυρεῖ δέ μου τῷ λόγῳ ist unter dem λόγος nicht der Bericht der bis zu den Worten — καὶ ἀτέλειαν πανταχοῦ gehenden Hauptquelle zu verstehen, sondern die kurze Bemerkung: λέγεται δὲ ὑπὸ πολλῶν Ὑρκανὸν ταύτης τῆς στρατείας κοινωνῆσαι καὶ ἐλθεῖν εἰς Αἴγυπτον, welche Josephus selbst eingeschaltet hat, um eine Verbindung zwischen seiner Hauptquelle und dem Citat herzustellen. Der Zusammenhang ist also: „Meine Hauptquelle weiss Nichts von der Anwesenheit Hyrkans in Aegypten; andere Quellen aber erzählen davon. Dafür — für diese meine Behauptung — ist Strabon mein Zeuge" u. s. w.

chides von Knidos (XII., 1, 1) und Nicolaus von Damaskus (XIII., 8, 4) nichts im Wege. Natürlich musste die Einschaltung aus der Nebenquelle nicht unbedingt jedesmal zu Widersprüchen mit der Darstellung der Hauptquelle führen. Solche sind denn auch an den zuletzt genannten Stellen nicht bemerkbar. Aber dass beide Citate aus einem ganz anderen Zusammenhang entnommen sind, geht aus Inhalt und Form unzweifelhaft hervor.

In Betreff der Anführungen aus Polybius endlich hat Bloch pag. 99 darauf aufmerksam gemacht, Josephus »habe, bevor er den Polybius wörtlich ausgeschrieben, einen kürzeren Auszug gegeben, um den Leser zuerst mit dem Wichtigsten vertraut zu machen, und dann seinen Gewährsmann Polybius angeführt.«

Wir haben uns demnach den Hergang mit den Citaten folgendermassen zu denken: Josephus las die Werke des Polybius, Strabon u. s. w. und excerpierte sich diejenigen Stellen, an welchen er Mitteilungen fand, die ihm interessant waren oder für seine Leser interessant zu sein schienen. Bei der Abfassung der Archäologie verarbeitete er seine Excerpte, und zwar in der Weise, dass er, wo sie mit dem Inhalt seiner Quelle übereinstimmten, sie einfach mit Namensangabe hinzufügte; wo dies aber nicht der Fall war — und in den meisten Fällen scheint es nicht der Fall gewesen zu sein — fügte er zuerst den Inhalt des Excerpts mit eigenen Worten hinzu und liess dann scheinbar die Angabe seiner Hauptquelle, in Wahrheit nur seine eigene Mitteilung durch das Citat selbst bestätigen.[1])

Die Bereicherung seiner geschichtlichen Kenntnisse durch die Lectüre der griechischen Historiker werden wir in die Zeit

---

[1]) Josephus verfährt also mit seinen Citaten ganz in derselben Weise, wie Niese es für die Einfügung der Urkunden und Dekrete nachgewiesen hat. „Es ergiebt sich ferner, wenn man die Art und Weise betrachtet, mit der sie eingefügt sind, dass bei dem Geschäft des Einfügens Josephus keine anderen Hilfsmittel hatte, als sie allein; dass er die Anhaltspunkte, die chronologischen und sachlichen Andeutungen für die Einordnung aus ihnen selbst nehmen konnte, um sie mit seiner Hauptquelle zu combiniren. — — — Denn auch die Einleitungen, durch die er die Urkunden mit dem vorhergehenden verbindet, sind nicht etwa selbstständige Berichte, sondern sind mit leichter Mühe aus den Urkunden selbst abgeleitet." Hermes XI. pag. 472.)

zwischen der Veröffentlichung des Polemos und der Ausarbeitung der Altertümer zu setzen haben. Hierdurch — nicht durch Verkürzung der gemeinsamen Quelle — wird daher auch das Fehlen der Citate im Polemos zu erklären sein.

Aus unserer ganzen Erörterung geht aber, wie ich glaube, noch mit Sicherheit hervor, dass sich die directe Benutzung des Polybius, Strabon, Agatharchides und Nicolaus im Buch XI—XIII. der Archäologie ausschliesslich beschränkt auf die Stellen, an denen ihre Namen genannt sind.

Cap. 4.
Die Archäologie und das I. Makkabäer-Buch.

Es ist eine feststehende Thatsache, dass in der Archäologie für die Darstellung der Makkabäer-Zeit das sog. I. Makkabäer-Buch als Hauptquelle benutzt ist. Der uns erhaltene griechische Text ist, wie jetzt wohl allgemein angenommen wird, eine Uebersetzung; der Verfasser des Originals wie der Uebersetzung sind Beide unbekannt; ebenso dunkel ist die Entstehungszeit unserer Version, während die Abfassungszeit des Originals aus verschiedenen Andeutungen, wenn auch nur ungenau, bestimmt werden kann.[1])

Nach der bisherigen Annahme hat Josephus selbst die genannte Schrift mit den übrigen Einzelquellen zusammengearbeitet; ist unsere Vermutung über seine letzte Quelle richtig, so geht seine Darstellung in den Altertümern durch die Vermittelung des Anonymus auf das I. Makkabäer-Buch zurück.

In beiden Fällen bleibt noch die Frage zu entscheiden übrig, ob das Letztere in der Gestalt der uns erhaltenen griechischen Uebersetzung der Darstellung in der Archäologie zu Grunde liegt.

Sie ist, soweit ich sehe, bisher von den meisten Forschern bejaht worden. Als Vertreter der entgegengesetzten Ansicht ist mir nur Michaelis bekannt, der auf einige Puncte aufmerksam gemacht hat, die es ihm wahrscheinlich scheinen liessen, dass der

---

[1]) Vgl. über alle diese Fragen: Kurzgefasstes exeget. Handbuch zu den Apokryphen des A. T. Lief. III.: Das erste Buch der Makkabäer erklärt von C. L. W. Grimm. Leipzig 1853. Einleitung pag. XXV. ff.

hebräische Urtext benutzt sei.[1]) Abweichungen, welche er zwischen dem Berichte der Archäologie und unserem Makkabäer-Buch constatierte, glaubte er dadurch erklären zu können, dass er auf hebräische Ausdrücke zurückging. Eine eingehende Begründung seiner Vermutung hat er jedoch nicht gegeben.

Am gründlichsten ist dann die Frage in neuerer Zeit behandelt worden von Grimm, der in der Einleitung zu seinem Commentar pag. XXVIII. ff. näher darauf eingeht und auch durch den ganzen Commentar hindurch die Frage im Auge behält. Mit aller Entschiedenheit bekämpft er Michaelis' Ansicht und lässt, wie zugegeben werden muss, Nichts unversucht, um jeden Gedanken an die Benutzung des Urtextes oder auch einer anderen griechischen Uebersetzung als der Unserigen ein für alle Mal aus der Welt zu schaffen.

In wie weit ihm nun dabei der Nachweis gelungen ist, dass Michaelis' Versuche, die Differenzen zwischen Archäologie und I. Makk.-Buch durch die Annahme einer verschiedenen Auffassung und Wiedergabe des hebräischen Ausdruckes zu erklären, unglücklich seien, vermag ich nicht zu beurteilen. Für einen Nichtkenner der hebräischen Sprache hat allerdings die Annahme etwas sehr bestechendes, es habe I. Makk.-Buch II., 36, wo aufständische Juden von den Syrern „getötet“ werden, während Josephus A. J. XII., 6, 2 berichtet *ὡς εἶχον, οὕτως αὐτοὺς ἐν τοῖς σπηλαίοις κατέφλεξαν*, im Urtext ein Ausdruck gestanden, der beide Auffassungen erlaubt habe — oder es sei XI., 69: *καὶ ἔφυγον οἱ παρὰ Ἰωνάθαν πάντες. οὐδὲ εἷς κατελείφθη ἀπ' αὐτῶν, πλὴν Ματταθίας ὁ τοῦ Ἀβεσσαλώμου καὶ Ἰούδας ὁ τοῦ Χαλφὶ ἄρχοντες τῆς στρατιᾶς τῶν δυνάμεων*, wo Josephus A. J. XIII., 5, 7 abweichend erzählt: *οἱ μὲν ἄλλοι πάντες τὸν Ἰωνάθην κατέλιπον, ὀλίγοι δέ τινες, ὡς περὶ πεντήκοντα τὸν ἀριθμόν, ὑπέμειναν καὶ Ματταθίας . . . καὶ Ἰούδας*. im Urtext „Mattathias und Judas und ihre Funfzig d. h. ihre Compagnien“ von Josephus gelesen worden.

---

[1]) J. D. Michaelis deutsche Uebersetzung des ersten Makkabäer-Buchs mit Anmerkungen. Göttingen 1778.

Aehnlicher Art sind andere Stellen[1]): Doch muss ich diese Seite der Untersuchung ganz ausser Acht lassen. Um so entschiedener möchte ich bezweifeln, dass die Beobachtungen, welche wir bei einer Vergleichung des Inhalts beider Darstellungen machen, vereinbar sind mit der Annahme, die Erzählung in der Archäologie sei aus unserer Uebersetzung genommen. Die Archäologie giebt mehr, nicht etwa allein, weil sie einen in der Quelle kurz und präcise ausgedrückten Gedanken breiter ausführt, sondern mehr an thatsächlichen Angaben. Von diesem Plus ist ein Teil, und zwar der bei weitem grösste und wichtigste, auf die Benutzung der griechischen Historiker zurückzuführen: das sind teils die zusammenhängenden Partien über syrische Geschichte, teils einzelne Detailzusätze, die demselben Gebiet angehören.[2])

---

[1]) Vgl. Grimm zu I. Makk.-B. I, 21. III., 13, 27. IV., 2 u. a. m.

[2]) Das ist z. B. der Fall I. Makk.-B. VII., 8: *καὶ ἐπέλεξεν ὁ βασιλεὺς τὸν Βακχίδην τῶν φίλων τοῦ βασιλέως κυριεύοντα ἐν τῷ πέραν τοῦ ποταμοῦ καὶ μέγαν ἐν τῇ βασιλείᾳ καὶ πιστὸν τῷ βασιλεῖ* coll. A. J. XII., 10, 1 *ὁ δὲ Δημήτριος παροξυνθεὶς ἐκπέμπει Βακχίδην, φίλον Ἀντιόχου τοῦ Ἐπιφανοῦς βασιλέως, ἄνδρα χρηστόν κτλ.* — VII., 26: *καὶ ἀπέστειλεν (ὁ Δημήτριος) Νικάνορα ἕνα τῶν ἀρχόντων αὐτοῦ τῶν ἐνδόξων* coll. A. J. XII., 10. 4: *Νικάνορα τὸν εὐνούστατον αὐτῷ καὶ πιστότατον τῶν φίλων (οὗτος γάρ ἐστιν ὁ καὶ ἀπὸ τῆς Ῥωμαίων πόλεως αὐτῷ συμφυγών) κτλ.*, wo Polyb. XXXI., 22, 4 zu vergleichen ist. — XI., 39: *Τρύφων δὲ ἦν τῶν παρὰ Ἀλεξάνδρου τὸ πρότερον* coll. XIII., 5, 1: . . . *Ἀλεξάνδρου τις στρατηγός, Ἀπαμεὺς τὸ γένος, Διόδοτος ὁ καὶ Τρύφων ἐπικληθείς* (vgl. Diod. XXXIII., 4ª 28.) u. a. St.

Wenn aber auf Grund dieser und ähnlicher Stellen Nussbaum a. a. O. seine Ansicht über das Verhältnis der griechischen und jüdischen Quelle zu einander dahin zusammenfasst: »Quum igitur et hic (I. M.-B. III., 28 = A. J. XII., 7, 2) et aliis locis apud Josephum plane eadem inveniamus, quae in I. Macc. libro, statuendum videtur, Josephum, si Macc. librum cum scriptoribus Graecis congruere perspiciebat, hanc descriptionem in Antiquitates recepisse; quo loco aliis scriptoribus maiorem fidem tribuendam esse censebat, hos secutum esse (pag. 20)« — so ist dies in dieser Ausdehnung wenigstens nicht richtig. Denn A. J. XII., 9, 1 ist in Uebereinstimmung mit I. Makk.-B. VI., 1 die »Stadt« Elymais stehen geblieben trotz Polyb. XXXI., 11; an derselben Stelle stirbt Antiochus Epiphanes in Babylon, nach Polyb. a. a. O. *ἐν Τάβαις τῆς Περσίδος*; A. J. XIII., 2, 1 bezeichnet Alexander Balas mit I. Makk.-B. X., 1 als wirklichen Sohn des Antiochus Epiphanes, im Widerspruch mit Polyb. XXXIII., 16, 9—13. —

Zu den aus griechischen Quellen entlehnten Notizen wird man auch den kleinen Zusatz A. J. XIII., 4, 3 *Δημήτριος ὁ Δημητρίου μετὰ πολλῶν μισ-*

Ein zweiter Teil geht auf die Hohepriesterchronik zurück. Abgesehen von ihnen bleiben aber noch eine Reihe von Zusätzen, die weder in der einen noch in der anderen Nebenquelle untergebracht werden können. Sie beziehen sich auf Ereignisse, die der speciell jüdischen Geschichte angehören, und schliessen daher jede griechische Quelle aus. Sie sind unbedeutend, im höchsten Grade unbedeutend: aber eben deshalb sind sie für die Entscheidung unserer Frage von Wichtigkeit, weil an die Entlehnung aus einer zweiten jüdischen Quelle nicht im geringsten gedacht werden kann.

Diese Zusätze bestehen nun zunächst in genaueren Zahlenangaben.[1]) VII., 46 giebt das Makkabäer-Buch den Verlust Nikanors in der Schlacht bei Adasa mit den Worten an: *καὶ ἔπεσον πάντες ἐν ῥομφαίᾳ καὶ οὐ κατελείφθη οὐδὲ εἷς κτλ.*; Josephus XII., 10, 5 sagt: *ἐκ τῆς μάχης ταύτης οὐδεὶς ἀπέφυγεν, ὄντων αὐτῶν ἐνακισχιλίων.* — Von dem Rachezuge Jonathans und Simons gegen die Nabatäer heisst es im I. Makk.-B. IX., 40: *καὶ ἐξανέστησαν ἐπ' αὐτοὺς ἀπὸ τοῦ ἐνέδρου οἱ περὶ τὸν Ἰωνάθαν*

θοφόρων, οὓς παρέσχεν αὐτῷ Λασθένης ὁ Κρής, ἄρας ἀπὸ Κρήτης κατέπλευσεν εἰς Κιλικίαν coll. I. Makk.-B. X., 67 rechnen. Vielleicht auch an derselben Stelle in der Archäologie den Zusatz *Ἀπολλώνιον τὸν Δάον*, eine Bezeichnung, die M.-B. X., 69 fehlt. Jedoch möchte ich fast glauben, dass auch in den Worten des Makkabäer-Buchs „*καὶ κατέστησε Δημήτριος Ἀπολλώνιον τὸν ὄντα ἐπὶ Κοίλης Συρίας*“ nichts anderes als *τὸν Δάον* steckt. Der Sprachgebrauch desselben hält nämlich *καταστῆσαι* = einsetzen und *στῆσαι* = bestätigen stricte auseinander (vgl. für *καθιστάναι*: III., 55. VI., 14. 17. 55. VII., 20. IX., 26. X., 20. X., 32. 37. XI., 57. XI., 59. XIV., 42. XV., 38. XVI., 11; für *ἵστημι* in der Bedeutung »bestätigen«: VI., 59. VII., 9. XI., 27. 34. 57. XIV., 38 u. a.) An unserer Stelle müsste aber *κατέστησε* wegen des folgenden *τὸν ὄντα* »bestätigen« heissen. — Sollte nicht vielleicht die häufige Wiederkehr der Buchstaben *ON* einen Abschreiber verleitet haben, die Silbe *Δα* auszulassen, und später ein Anderer aus

ΔΑ

dem corrigierten *Ἀπολλωνι ΟΝΤΟΝΟΝΕΠΙ*, da er weder mit *τον ονδα* noch mit *τον δαον* etwas anzufangen wusste, die naheliegende Lesart *τὸν ὄντα* hergestellt haben?

[1]) Es ist nicht richtig, wenn Bloch a. a. O. pag. 82 sagt: „Ganz besondere Beachtung verdient es, dass die Zahlenangaben beider Berichte auf das Genaueste übereinstimmen, ein Umstand, der bei der in Zahlen nicht gerade strengen Genauigkeit des Josephus keineswegs zu unterschätzen ist.“ Die Zahlen stimmen nicht I. Makk.-B. VII., 40. IX., 5. IX., 49. XI., 74. Allerdings ist es sehr wahrscheinlich, dass diese Differenzen sämmtlich auf handschriftliche Corruptel zurückzuführen sind. Sie hätten aber doch von Bloch, um Irrtümern vorzubeugen, erwähnt werden müssen.

καὶ ἀπέκτειναν αὐτοὺς καὶ ἔπεσον τραυματίαι πολλοὶ καὶ οἱ ἐπίλοιποι ἔφυγον εἰς τὸ ὄρος; Josephus XIII., 1, 4: *αὐτοί τε γὰρ οὗτοι καὶ οἱ συνεπόμενοι φίλοι καὶ γυναῖκες αὐτῶν καὶ τέκνα διεφθάρησαν, ὄντες ὡς τετρακόσιοι.* — I. Makk.-B. X., 70 giebt die Macht des Apollonius auf 3000 Reiter an; seine Infanterie wird nur allgemein mit *δύναμις πολλή* bezeichnet. Josephus XIII., 4, 4 giebt genauer an: *Ἀπολλώνιος . . . τρισχιλίους ἱππεῖς παραλαβὼν καὶ πεζοὺς ὀκτακισχιλίους εἰς Ἄζωτον ἦλθεν.* Endlich heisst es I. Makk.-B. XI., 70: *καὶ ἔφυγον οἱ παρὰ Ἰωνάθαν πάντες, οὐδὲ εἷς κατελείφθη ἀπ' αὐτῶν, πλὴν Ματταθίας . . . καὶ Ἰούδας . . . ἄρχοντες τῆς στρατιᾶς τῶν δυνάμεων;* dagegen bei Josephus XIII., 5, 7: *καὶ οἱ μὲν ἄλλοι πάντες τὸν Ἰωνάθαν κατέλιπον, ὀλίγοι δέ τινες, ὡς περὶ πεντήκοντα τὸν ἀριθμόν, ὑπέμειναν καὶ Ματταθίας . . . καὶ Ἰούδας . . . τῆς ἁπάσης δυνάμεως ἡγεμόνες ὄντες.*

An den beiden zuerst genannten Stellen begnügt Grimm sich damit, die Abweichungen einfach zu verzeichnen, ohne sich über die Herkunft der Angaben zu äussern. An der dritten nimmt er an, Josephus habe aus der Zahl der gefallenen Feinde (die er in Uebereinstimmung mit dem Makk.-Buch auf 8000 ansetzt) unvorsichtigerweise auf die Stärke des Fussvolks geschlossen. Es ist schwer diese Vermutung mit triftigen Gründen zu widerlegen, weil sie selbst von gar keinen Gründen gestützt wird; und es klingt anmassend, sie einfach als ungereimt zu bezeichnen. Aber ein wenig gesunden Menschenverstand müssen wir doch für den Bearbeiter, mag es nun Josephus oder ein anderer gewesen sein, in Anspruch nehmen; und der musste ausreichen, um ihn vor der Thorheit zu behüten, die Zahl der Gefallenen mit der Gesammtzahl der Combattanten zu identificieren, einer Thorheit, die um so schwerer zu begreifen ist, weil er ja, wenn er überhaupt eine Zahl hinzudichten wollte, durch die Wahl irgend einer anderen den Unsinn vermeiden konnte. Die Annahme eine Erdichtung scheint mir daher wenig plausibel zu sein. Ausserdem lässt sich aber auch ein positiver Umstand für die Glaubwürdigkeit jener Zahlangabe geltend machen. Es wird ausdrücklich angegeben, dass Apollonius den Kampf unternommen habe im Vertrauen auf die Grösse seiner Reiterei, mit der es bei den Juden, wie immer, schlecht bestellt war (vs. 77 προῆγεν εἰς τὸ πεδίον, διὰ τὸ ἔχειν πλῆθος ἵππου καὶ πεποιθέναι ἐπ' αὐτῇ coll. Jos.: ἕλκει τὸν Ἰωνάθην εἰς τὸ πεδίον, τῇ ἵππῳ καταφρονῶν καὶ τὰς τῆς νίκης ἐλπίδας ἐν αὐτῇ ἔχων). Darnach muss also das Grössenverhältnis der Reiterei zum Fussvolk ein anormales gewesen sein — eine Forderung, die durch die Zahlen 3000: 8000 erfüllt wird.[1])

An der letzten Stelle endlich, welche ich oben angeführt habe, scheint Grimm selbst nicht abgeneigt zu sein, in der Abweichung bei Josephus die richtige Angabe zu sehen. Wenigstens macht er mit Recht darauf aufmerksam, dass die Darstellung des Makkabäer-Buchs höchst wahrscheinlich entstellt sei, weil „unser Erzähler oder die Ueberlieferung, der er folgte, sonst wohl zu Uebertreibungen geneigt ist, aber doch nirgends die Begebenheiten ins monströs Wunderhafte ausschmückt“ (zu XI., 72). Mag man nun Michaelis Vermutung annehmbar finden, ein hebräischer Ausdruck sei von Josephus verkehrt verstanden worden,[2]) oder an eine andere Erklärung denken: soviel ist gewiss, er kann seine Angabe nicht durch eigene Combination, wie Grimm annimmt, aus unserer Uebersetzung gewonnen haben. —

Ausser den Zahlangaben finden sich ferner in der Archäologie Zusätze, die sich auf die geographische Bestimmung der im Makk.-Buch erwähnten Ortschaften beziehen. Die Meisten von ihnen stammen ohne Zweifel von Josephus selbst her, der sie aus der eigenen Kenntnis seines Landes schöpfte. So I. Makk.-B. VI.,

---

[1]) Zur Bestätigung kann ein Vergleich der anderen im Makk.-Buch sich findenden Stärkeangaben syrischer Heere dienen: III., 39: 40,000: 7000; IV., 1: 5000 : 1000; IV., 28 : 60,000 : 5000; VI., 30 : 100,000 : 20,000; IX., 4 : 20,000 : 2000; XV, 13 : 120,000 : 8000.

[2]) Da Grimm gegen diese Vermutung nichts weiter anführt als »sie scheitere an der entschiedenen Thatsache, dass Josephus nur unseren griechischen Text benutzte,« so scheint es, als ob sie an und für sich ansprechend wäre.

[3]) Die genauere Kenntnis des Terrains mag ihn auch an der ersteren Stelle zu der vom I. Makk.-Buch abweichenden Darstellung des Aufmarsches der Elephanten veranlasst haben. Möglich ist es allerdings auch, dass anstatt des überlieferten φάλαγγας ursprünglich schon im Makk.-Buch φάραγγας gestanden hat. Vergl. Grimm z. d. St.

33 = A. J. XII., 9, 5: Ἰούδας . . . βάλλεται στρατόπεδον ἐπὶ τῶν στενῶν, ἔν τινι τόπῳ Βεθζαραχίᾳ λεγομένῳ, σταδίους ἀπέχοντι τῶν πολεμίων ἑβδομήκοντα, wo die 70 Stadien die Entfernung zwischen Bethzur und Bethzarachia angeben; in ähnlicher Art VII., 39 = XII., 10, 5: Ἰούδας δὲ ἐν Ἀδασοῖς, ἑτέρᾳ κώμῃ σταδίους ἀπεχούσῃ τριάκοντα τῆς Βεθωροῦ, στρατοπεδεύεται. — Ebenso mag er die im Makk.-Buch XIII., 13 gegebene Bestimmung der Lage von Adida (Ἀδδιδά) aus eigenem Wissen zu der verständlichen Angabe erweitert haben, welche wir A. J. XIII, 6, 4 lesen. Etwas ganz anderes ist es aber, wenn er XIII., 5, 10 (= I. Makk.-B. XII., 26) στρατοπεδευσάμενος δὲ τῶν πολεμίων ἄπωθεν σταδίους πεντήκοντα die Entfernung vom feindlichen Lager angiebt, ohne irgend einen festen Anhaltspunkt zu ihrer Berechnung zu haben. Kein Studium der Geographie seines Landes konnte ihm zu dieser Angabe verhelfen.

Die Personalnotizen, welche die Archäologie vor dem Makk.-Buch voraus hat, sind, wie schon oben bemerkt, zum grössten Teil auf griechische Quellen zurückzuführen. Derselbe Ursprung kann aber nicht angenommen werden, wenn A. J. XIII., 5, 8 (= I. Makk.-B. XII., 8) der Ueberbringer des Schreibens der Spartaner mit Namen genannt wird.[1]) Eine griechische Quelle, eine Nebenquelle überhaupt, schliesst sich hier ganz von selbst aus.

---

[1]) Hier verdient doch gewiss der Umstand Beachtung, dass der Ueberbringer auch in dem Schreiben des spartan. Königs Demoteles genannt wird (A. J. XII., 4, 10), wo er im Makk.-B. ebenfalls fehlt. Dem hier mitgeteilten Briefe fügt Josephus noch die Worte hinzu: Τὰ γεγραμμένα ἐστὶ τετράγωνα, ἡ σφραγίς ἐστιν ἀετὸς δράκοντος ἐπειλημμένος. Dazu bemerkt Grimm: „Nun wäre es doch höchst abgeschmackt gewesen, wenn Areus dem Onias die Form der Schrift und des Siegels, die er doch vor Augen hatte, hätte bemerklich machen wollen!“ Diesem Zweck hat aber jene Bemerkung sicherlich nicht dienen sollen: sie sollte vielmehr dem Empfänger die Möglichkeit geben zu controllieren, ob das Siegel verletzt und durch ein anderes ersetzt worden sei. Ich kann mich daher auch nicht Grimms Folgerung anschliessen: „Sonach hat die Bemerkung als willkührlicher Zusatz des Josephus zu gelten, der sich damit den Anschein geben wollte, als habe er (oder sein Gewährsmann) das Document gesehen, um auf diese Weise die Aechtheit desselben zu beglaubigen, seinen Betrug aber auf tölpische Weise dadurch verrät, dass er die Bemerkung als Bestandteil des Briefs selbst beifügt.“ Diesen Anschein hätte der Verfasser auf andere Weise leichter und mit mehr Aussicht auf Erfolg erreichen können.

Diesen und ähnlichen Zusätzen gegenüber nimmt nun Grimm den Standpunkt ein, dass er sie einfach für Fälschungen erklärt. Freilich ist es nicht möglich an sämmtlichen Stellen ihre Echtheit mit inneren Gründen zu beweisen — dazu sind sie viel zu unbedeutend —, aber andererseits kann auch der Nachweis des Gegenteils nicht gebracht werden. Ferner spricht doch gegen die Annahme einer Fälschung folgende allgemeine Erwägung. Die Fälschung setzt ein Motiv voraus; dies kann nur darin bestanden haben, dass der Bearbeiter das Interesse der Leser an seiner Erzählung durch möglichst viele Detailangaben erhöhen wollte. Wie stimmt nun aber dazu die Beobachtung, dass weit häufiger Detailangaben des Makk.-Buchs in der Archäologie fehlen? Wozu, um bei den Zahlenangaben zu bleiben, log er die Zahl der getöteten Nabatäer hinzu, verschmähte aber die Angabe über Nikanors Verlust?[1]) Oder, weshalb liess er die Angabe seiner Quelle,[2]) Judas habe die Feinde *ἀπὸ Ἀδασὰ ἕως Γάζηρα* vor sich hergetrieben aus, wenn er an anderer Stelle seinen Lesern dadurch Freude zu machen glaubte, dass er die Entfernung des jüdischen Lagers vom Feinde hinzudichtete?[3]) Man müsste ein wunderbares Schwanken seines Geschmackes zur Erklärung annehmen.[1]) Ich denke, anstatt dessen empfiehlt es sich, hier denselben Schluss zu ziehen, der unter ähnlichen Umständen bei anderen Historikern mit Recht gezogen wird: die Darstellungen in der Archäologie und

---

[1]) I. Makk.-B. VII., 32 = A. J. XII., 10, 4.

[2]) I. Makk.-B. VII., 45 = A. J. XII., 10, 5.

[3]) In ähnlicher Weise fehlen Detailangaben in der Archäologie an folgenden Stellen: III., 37 *ἀπὸ Ἀντιοχείας ἀπὸ πόλεως βασιλείας αὐτοῦ;* III., 46 *καὶ συνήχθησαν καὶ συνήλθοσαν εἰς Μασσηφὰ κατέναντι Ἱερουσαλήμ, ὅτι τόπος προσευχῆς εἰς Μασσηφὰ τὸ πρότερον τῷ Ἰσραήλ;* IV., 44—46 *καὶ ἐβουλεύσαντο περὶ τοῦ θυσιαστηρίου τῆς ὁλοκαυτώσεως . . . . καὶ ἀπέθεντο τοὺς λίθους ἐν τῷ ὄρει τοῦ οἴκου ἐν τόπῳ ἐπιτηδείῳ μέχρι τοῦ παραγενηθῆναι προφήτην τοῦ ἀποκριθῆναι περὶ αὐτῶν* (A. J. XII., 7, 6); V., 13 *καὶ πάντες οἱ ἀδελφοὶ ἡμῶν οἱ ὄντες ἐν τοῖς Τωβίου τεθανάτωνται, καὶ ᾐχμαλωτίκασι τὰς γυναῖκας καὶ τὰ τέκνα αὐτῶν καὶ τὴν ἀποσκευὴν ὡς μίαν χιλιαρχίαν ἀνδρῶν* (A. J. XII., 8, 1); VII., 19 *καὶ . . . συνέλαβε (Βακχίδης) πολλοὺς ἀπὸ τῶν ἀπ' αὐτοῦ αὐτομολησάντων ἀνδρῶν, καί τινας τοῦ λαοῦ, καὶ ἔθυσεν αὐτοὺς εἰς τὸ φρέαρ τό μέγα* (A. J. XII., 10, 2); XII., 38 *καὶ Σίμων ᾠκοδόμησε τὴν Ἀδιδὰ ἐν τῇ Σεφηλᾷ καὶ ὠχύρωσε θύρας καὶ μοχλούς* A. J. XIII., 5, 11) u. a. m.

dem I. Makkabäer-Buch sind unabhängig von einander aus derselben Quelle geschöpft.

Für diese Annahme ergiebt sich noch ein weiteres Moment aus dem Verhältnis der Altertümer zum Jüd. Krieg. Beide Darstellungen sind unabhängig von einander; den Inhalt der gemeinsamen Quelle erhalten wir also durch ihre Vereinigung. Es muss daher auch die Nachricht von der Flucht Judas nach Gophna (vgl. oben pag. 18) in der Quelle gestanden haben; diese Quelle ist das erste Makk.-Buch gewesen: in der Uebersetzung desselben fehlt aber jene Nachricht.[1])

Leider fehlen im Polemos in Folge der starken Zusammenziehung fast alle Detailangaben. Es kann daher nicht verwundern, dass eine Vergleichung mit ihm für unsere Frage nur geringe Ausbeute giebt. Ausser der erwähnten Flucht Judas nach Gophna ist es noch der an und für sich unbedeutende Zusatz *κοπίσιν ἀναιρεῖ τὸν Βακχίδην* (B. J. I., 1, 3) coll. A. I. XII., 6, 2 *θυμωθεὶς ὁ Ματταθίας ὥρμησεν ἐπ' αὐτὸν μετὰ τῶν παίδων ἐχόντων κοπίδας*, der an der Parallelstelle im I. Makk.-B. fehlt. Die Uebereinstimmung des Polemos und der Archäologie ist nach meiner Meinung von grosser Bedeutung; sie beweist unzweifelhaft, dass jene kleine Notiz schon in der Quelle gestanden hat. Und wenn nun an derselben Stelle der getötete Offizier im Polemos Bakchides, in der Archäologie Apelles genannt wird, so beruht dieser Widerspruch offenbar auf einer Verwechselung dieses Namens mit dem im Polemos eben vorhergenannten *φρούραρχος* Bakchides — eine Verwechselung, die bei der starken Zusammenziehung nicht zu verwundern ist —; man kann aber daraus, dass überhaupt an beiden Stellen ein Name genannt wird, mit Wahrscheinlichkeit schliessen, dass auch in der Quelle schon einer gestanden hat. —

---

[1]) Grimm zu I. Makk.-B. VI, 47 äussert keine Vermutung darüber, woher Josephus die Nachricht des Jüdischen Kriegs habe. Ihm hier, wo sein einziges Streben auf Kürze gerichtet ist, noch das Hinzudichten von Angaben zuzumuten, würde allerdings gar zu bedenklich sein. Vielleicht denkt Grimm an eine Nebenquelle. Davon ist jedoch, wie schon oben bemerkt, bei genauer Prüfung keine Spur zu bemerken.

In der praef. pag. XXVIII. ff. stellt Grimm in gedrängter Uebersicht die Beobachtungen zusammen, welche er über das Verhalten des Josephus seiner Quelle gegenüber gemacht hat. Darnach soll er sie zunächst an einer Reihe von Stellen misverstanden oder leichtfertig entstellt haben. Das Erstere ist für unsere Untersuchung gleichgiltig: sind wirklich Misverständnisse nachweisbar, so können sie eben so gut bei Benutzung des Urtextes oder einer anderen griechischen Uebersetzung entstanden sein. Der zweite Punct verdient eine genauere Prüfung: wer leichtfertig entstellt, dem wird man auch das Hineinschwärzen von eigenen Zuthaten zutrauen dürfen. Solche Entstellung soll nun z. B. vorliegen I. Makk.-B. VII., 43 *καὶ συνετρίβη ἡ παρεμβολὴ Νικάνορος, καὶ ἔπεσεν αὐτὸς πρῶτος ἐν τῷ πολέμῳ.* Zu den letzten Worten bemerkt Grimm: „Josephus, wahrscheinlich in dramatisierendem Verschönerungsstreben, lässt das Gegenteil geschehen.“ Nun lautet die Parallelstelle XII., 10, 5: *(Ἰούδας) κρατεῖ τῶν ἐναντίων, καὶ πολλούς τε αὐτῶν ἀπέκτεινε καὶ τελευταῖον αὐτὸς ὁ Νικάνωρ λαμπρῶς ἀγωνιζόμενος ἔπεσεν.* Grimm fasst das *πρῶτος ἐν τῷ πολέμῳ* offenbar als Zeitbestimmung und meint daher, Josephus habe es willkührlich in *τελευταῖον* umgeändert. Kann der Ausdruck aber nicht ebenso gut gefasst werden als „in den vordersten Reihen kämpfend“ — oder wenigstens von Josephus so verstanden worden sein? Dann würden dem *πρῶτος ἐν τῷ πολέμῳ* die Worte *λαμπρῶς ἀγωνιζόμενος* in der Archäologie entsprechen, und von einer Entstellung nicht die Rede sein können.

Eine andere Stelle ist I. Makk.-B. V., 66 *καὶ ἀπῆρε τοῦ πορευθῆναι εἰς γῆν ἀλλοφύλων, καὶ διεπορεύετο τὴν Σαμάρειαν.* Es ist dort von den Kriegszügen Judas die Rede. Nach vs. 65 befindet er sich in Hebron, also im südlichen Judäa. Nach vs. 66 soll er dann, um in das Land der Philister zu kommen, was *εἰς γῆν ἀλλοφύλων* nach vs. 68 heissen muss, durch Samarien marschiert sein, also vom Süden Judäas durch die nördlich davon gelegene Landschaft, um nach dem im Südwesten gelegenen Asdod zu gelangen! Mit Recht hat man hieran Anstoss genommen und Hülfe in der Archäologie XII., 8, 8 gesucht. Da erfahren wir nun allerdings Anderes: von dem abenteuerlichen Zuge durch Samarien ist keine Rede, sondern (*Ἰούδας καὶ οἱ ἀδελφοί*), heisst es da, *τοὺς πύργους* (*τῆς Χεβρῶνος*) *ἐμπρήσαντες ἐδῄουν τὴν ἀλλόφυλον χώραν καὶ Μάρισσαν πόλιν εἴς τε Ἄζωτον ἐλθόντες καὶ λαβόντες αὐτὴν διήρπασαν*. Marissa (Marescha) liegt am Südwestabhange des Gebirges Juda, auf dem geraden Wege, der von Hebron nach Asdod führt. Unzweifelhaft war diese Stadt im Urtext genannt; denn Grimms Einwand, »man begreife nicht, was den Schriftsteller veranlasst haben sollte, den blossen Durchzug durch diese eine Stadt hervorzuheben, ohne Angabe eines Umstandes, der diesen Durchzug der Rede wert mache« wird hinfällig, wenn man die folgende Angabe im Makkabäer-Buch hinzuzieht: *ἐν τῇ ἡμέρᾳ ἐκείνῃ ἔπεσον ἱερεῖς ἐν πολέμῳ βουλόμενοι ἀνδραγαθῆσαι, ἐν τῷ αὐτοὺς ἐξελθεῖν εἰς πόλεμον ἀβουλεύτως*[1]), d. h. den Juden ging es schlecht bei Marissa. Nach meiner Meinung erhalten wir hier die ursprüngliche Darstellung, wenn wir die Angaben beider Erzählungen mit einander combinieren: Judas bricht von Hebron auf (Arch. und Makk.-B.); marschiert über Marissa (Arch.); hier erleiden die Juden eine Schlappe (Makk.-B.); zur Strafe wird die Stadt verwüstet (Arch.)[2]).

I. Makk.-B. VII., 3 heisst es von dem Ende des Antiochus Eupator und Lysias folgendermassen: (Demetrius erfuhr ihre Gefangennahme) *καὶ εἶπε Μή μοι δείξητε τὰ πρόσωπα αὐτῶν. καὶ ἀπέκτειναν αὐτοὺς αἱ δυνάμεις κτλ.* Dazu bemerkt Grimm: »Diese Darstellung des Sachverhalts hat zuviel innere psychologische Wahrscheinlichkeit, als dass die abweichende Relation des Josephus (A. J. XII., 10, 1): *συλλαβόντες δὲ καὶ Ἀντίοχον*

---

[1]) Sollte nicht auch der Ausdruck *ἐν τῇ ἡμέρᾳ ἐκείνῃ* darauf hinweisen, dass im Vorhergehenden von einem Ereignis die Rede gewesen ist, welches sich auf einen Tag beschränkte (also nicht von einem Durchzuge durch Samarien)? So viel ich wenigstens sehe, gebraucht das Makk.-B. ihn nicht für »um dieselbe Zeit« (wie Grimm übersetzt). Dies heisst vielmehr *ἐν ταῖς ἡμέραις ἐκείναις*, vgl. IX., 24. XI., 20 und X., 50. XI., 47. 49. —

[2]) Es würde sich dann hier dieselbe Erscheinung zeigen, auf die Grimm zu VI., 47 in Betreff der Schlacht bei Bethzarachia aufmerksam gemacht hat: Der Verfasser unserer griechischen Uebersetzung eilt über die Unfälle der jüdischen Heere rasch hinweg.

τὸν βασιλέα καὶ Λυσίαν ζῶντας ἀνάγουσιν αὐτῷ. καὶ οὗτοι μὲν κελεύσαντος παραχρῆμα Δημητρίου διεφθάρησαν Beachtung verdienen könnte.« Worin hier die Abweichung bestehen soll, ist mir unklar. Wenn, wie Grimm selbst und gewiss mit Recht annimmt, der Befehl *μή μοι δείξητε τὰ πρόσωπα αὐτῶν* ein Wink für die Soldaten sein sollte, die beiden Gefangenen aus dem Wege zu schaffen — weshalb sollte Josephus dann nicht diesen Gedanken etwas prosaischer mit *παραχρῆμα κελεῦσαι* wiedergeben dürfen? — Aehnlich ist es I. Makk.-B. IX., 26, wo von Bakchides gesagt wird: *καὶ ἐξεδίκει ἐν αὐτοῖς* (den gefangenen Juden) *καὶ ἐνέπαιζεν*. Wie kann man hier dem Josephus vorwerfen »er habe die Sache gegen den Wortsinn seiner Quelle ausgemalt,« wenn er den Gedanken mit den Worten *ὁ δὲ βασανίζων πρῶτον αὐτοὺς καὶ πρὸς ἡδονὴν αἰκιζόμενος ἔπειθ' οὕτω διέφθειρεν* umschreibt? —

Nach Grimm soll Josephus ferner seine Quelle „verkürzt oder erweitert und nach subjectivem Ermessen ausgemalt haben.“ Das Erstere ist richtig, das Andere zum Mindesten controvers. Unter den Belegstellen, die Grimm anführt, steht zunächst die Stelle, welche ich oben durch die Uebereinstimmung mit dem Polemos geschützt habe (II., vs. 24); die zweite ist II., 38 über die Ausräucherung der Juden in den Höhlen, wovon schon oben die Rede gewesen ist. An den anderen findet sich allerdings Ausmalung, aber, wie mir scheint, ziemlich unschuldiger Art und wie sie jedenfalls eben so gut bei der Benutzung des Urtextes Statt finden konnte. So II., 22: *συνετρίβη Σήρων καὶ ἡ παρεμβολὴ αὐτοῦ ἐνώπιον αὐτοῦ*, wo Josephus das *συντριβῆναι* wörtlich verstanden hat und daher Seron in der Schlacht fallen lässt. V., 8 und IX., 19 kann allerhöchstens von einem Missverständnis die Rede sein; denn wenn es an der ersten Stelle heisst: *(Ἰούδας) προκατελάβετο τὴν Ἰαζὴρ καὶ τὰς θυγατέρας αὐτῆς* und an der Parallelstelle in der Archäologie (XII., 8, 1): *τὴν Ἰαζωρὸν ἐξῇρε πόλιν καὶ τάς τε γυναῖκας αὐτῶν καὶ τὰ τέκνα λαβὼν αἰχμαλώτους . . . ἀνέστρεψε*, so ist diese Angabe offenbar durch den Ausdruck *τὰς θυγατέρας* (Töchterstädte) veranlasst und hier ebensowenig eine „Erweiterung der

Quelle“ anzunehmen, wie wenn er an der anderen Stelle das *ἀνῆραν Ἰωνάθαν καὶ Σίμων Ἰούδαν τὸν ἀδελφόν* mit *λαβεῖν ὑπόσπονδον* wiedergiebt, was es jedenfalls heissen kann. — An anderen Stellen ist endlich von Grimm die Möglichkeit nicht in Rechnung gezogen, dass die Ergänzung oder Modificierung des Makkabäer-Buchs durch die griechischen Quellen veranlasst sein kann. Wir haben schon oben gesehen, dass der Anonymus seinen Polybius dazu geschickt zu benutzen verstanden hat; es scheint mir daher auch sehr wahrscheinlich zu sein, dass die näheren Angaben über den Feldzug des Antiochus Epiphanes (I. Makk.-B. III., 27 *ὡς δὲ ἤκουεν Ἀντίοχος ὁ βασιλεὺς τοὺς λόγους τούτους ὠργίσθη θυμῷ καὶ ἀπέστειλε καὶ συνήγαγε τὰς δυνάμεις πάσας τῆς βασιλείας αὐτοῦ)* in der Archäologie XII., 7, 2 *ταῦτ᾽ ἀκούσας ὁ βασιλεὺς Ἀντίοχος μεγάλως ὠργίσθη τοῖς γεγενημένοις καὶ πᾶσαν τὴν οἰκείαν δύναμιν ἀθροίσας καὶ πολλοὺς ἐκ τῶν νήσων μισθοφόρους παραλαβὼν ἡτοιμάζετο περὶ τὴν ἀρχὴν τοῦ ἔαρος εἰς τὴν Ἰουδαίαν ἐμβαλεῖν* nicht auf einer „Erweiterung aus subjectivem Ermessen“ (Grimm z. a. St.) beruhen, sondern aus der griechischen Quelle entlehnt sind.[1])

Ich habe bei der vorstehenden Darlegung der Puncte, in denen ich von Grimm abweiche, nach seinem Vorgange an der Persönlichkeit des Josephus festgehalten, dem man jawohl mit Recht allerlei Schlechtigkeiten zumutet. Ueber die Persönlichkeit unseres Anonymus wissen wir nichts; die Art und Weise, wie er namentlich seine griechischen Quellen zur Ergänzung des Makkabäer-Buchs benutzt hat, kann uns jedoch nur eine günstige Meinung

---

[1]) Rätselhaft ist mir Grimms Bemerkung zu VII., 32: „Josephus kehrt das Verhältnis um und lässt den Nikanor den Sieg (in der Schlacht bei Chapharsalama) über Judas davontragen. — Der Irrtum des Josephus lässt sich nur aus augenscheinlicher Geistesabwesenheit und Zerstreuung erklären.“ In der von mir benutzten Ausgabe (Im. Bekker, Leipzig 1856) heisst die Stelle (XII., 10, 4): *φανερᾶς δὲ τῆς προαιρέσεως αὐτοῦ καὶ τῆς ἐνέδρας γενομένης, ὁ Νικάνωρ πολεμεῖν ἔκρινε τῷ Ἰούδᾳ. ὁ δὲ συγκροτήσας καὶ παρασκευασάμενος τὰ πρὸς τὴν μάχην, συμβαλὼν κατά τινα κώμην Καφαρσαλαμὰ καὶ νικήσας ἀναγκάζει αὐτὸν ἐπὶ τὴν ἐν τοῖς Ἱεροσολύμοις ἄκραν φεύγειν.* Darnach wenigstens herrscht zwischen der Archäologie und dem Makkabäer-Buch völlige Uebereinstimmung.

von ihm beibringen und muss jedenfalls die Präsumtion einer eigenmächtigen Entstellung und Fälschung unberechtigt erscheinen lassen.

Es würde aber, glaube ich, der negative Nachweis, dass unsere griechische Uebersetzung nicht benutzt ist, sich noch viel sicherer führen lassen, wenn wir an der bisherigen Annahme der directen Bearbeitung der ersten Quellen durch Josephus festhalten dürften. Es wird mir nicht schwer daran zu glauben, dass er flüchtig gearbeitet hat, dass er sich Auslassungen und Missverständnisse hat zu Schulden kommen lassen. Aber das will mir ganz und gar nicht in den Sinn, dass er zu gleicher Zeit durch geschickte Combination neue Angaben aus seiner Quelle gewonnen und für seine Erzählung verwertet habe. Und doch müssen wir dies annehmen, wenn wir an der Benutzung unserer Uebersetzung festhalten. So versichert denn auch Grimm praef. pag. XXIX.: „Josephus veranschaulicht aber auch manche Scenen, macht Zusätze und giebt genauere Bestimmungen, wie es scheint, in richtiger Combination.“ Das muss z. B. der Fall gewesen sein A. J. XIII., 2, 1 fin. *ταῦτα ὁρῶντες οἱ τῶν φρουρίων τῶν ἐν τῇ Ἰουδαίᾳ φύλακες ἐκλιπόντες αὐτὰ πάντες ἔφυγον εἰς Ἀντιόχειαν, πάρεξ τῶν ἐν Βεθσούρᾳ καὶ τῶν ἐν τῇ ἄκρᾳ τῶν Ἱεροσολύμων κτλ.* und XIII., 5, 11: *συναγαγὼν δὲ τὸν λαὸν Ἰούδας συνεβουλεύετο τὰ τῶν Ἱερ. κατασκευάσασθαι τείχη καὶ τὸ καθῃρημένον τοῦ περὶ τὸ ἱερὸν περιβόλου πάλιν ἀναστῆσαι.* Die gesperrten Worte fehlen im I. Makk.-B. X., 14 und XIII., 36; ihr Inhalt trägt den Stempel der Wahrheit an sich. Josephus konnte ihn aus unserer Uebersetzung nur durch Combination gewinnen; an der einen Stelle aus VI., 62 d. h. aus einer Angabe, die 6 Capitel früher berichtet ist; an der anderen aus X., 32 und XI., 20 d. h. aus Stellen, die sogar erst später folgen. Das würde eine Akribie der Forschung voraussetzen, die ich ihm nicht zutrauen kann.

Meine Erörterung hat einen Umfang gewonnen, dass die Beschränkung auf die besprochenen Stellen, so verlockend es auch ist, aus dem reichen Material andere heranzuziehen, geboten ist. Die wesentlichsten Puncte, auf die sich mein Zweifel an der

Richtigkeit der bisherigen Annahme stützt, sind auch schon geltend gemacht worden. Nur ein Punct erfordert noch eine kurze Erörterung; ich meine die Uebereinstimmung im Ausdruck.

In der praef. pag. XXVIII. behauptet Grimm, dass Josephus unserem Makkabäer-Buch oft wörtlich folge; der klare Augenschein lehre also, dass das Original nicht benutzt sei.

Zum Beweis führt er folgende Stellen an:

1. Makk.-B. IV., 27:
Ὁ δὲ Λυσίας ἀκούσας συνεχύθη καὶ ἠθύμει, ὅτι οὐχ οἷα ἤθελε τοιαῦτα γεγόνει τῷ Ἰσραὴλ καὶ οὐχ οἷα ἐνετείλατο αὐτῷ ὁ βασιλεὺς τοιαῦτα ἐξέβη. καὶ ἐν τῷ ἐχομένῳ ἐνιαυτῷ συνελόχησεν ὁ Λυσίας ἀνδρῶν ἐπιλέκτων ἑξήκοντα χιλιάδας κτλ.

1. Jos. A. J. XII., 7, 5:
Λυσίας δὲ συγχυθεὶς ἐπὶ τῇ τῶν ἐκπεμφθέντων ἥττῃ τῷ ἐχομένῳ ἔτει μυριάδας ἀνδρῶν ἐπιλέκτων συναθροίσας ἓξ κτλ.

2. ibid. X., 42:
καὶ ἐπὶ τούτοις πεντακισχιλίους σίκλους ἀργυρίου, οὓς ἐλάμβανον ἀπὸ τῶν χρειῶν τοῦ ἁγίου ἀπὸ τοῦ λόγου κατ' ἐνιαυτὸν καὶ ταῦτα ἀφίεται διὰ τὸ ἀνήκειν τοῖς ἱερεῦσι τοῖς λειτουργοῦσιν κτλ.

2. ibid. XIII., 2, 3:
τὰς δὲ μυρίας δραχμάς, ἃς ἐλάμβανον ἐκ τοῦ ἱεροῦ οἱ βασιλεῖς, ὑμῖν ἀφίημι διὰ τὸ προσήκειν αὐτὰς τοῖς ἱερεῦσι τοῖς λειτουργοῦσι τῷ ἱερῷ.

3. ibid. X., 43:
καὶ ὅσοι ἐὰν φύγωσιν εἰς τὸ ἱερὸν τὸ ἐν Ἱεροσολύμοις καὶ ἐν πᾶσι τοῖς ὁρίοις αὐτοῦ, ὀφείλοντες βασιλικὰ καὶ πᾶν πρᾶγμα, ἀπολελύσθωσαν καὶ τὰ ὑπάρχοντα αὐτοῖς σῷα ἔστω.

3. ibid. XIII., 2, 3:
καὶ ὅσοι δ' ἂν φύγωσιν εἰς τὸ ἱερὸν τὸ ἐν Ἱερ. καὶ εἰς τὰ ὑπ' αὐτῷ χρηματίζοντα, ἢ βασιλικὰ ὀφείλοντες χρήματα ἢ δι' ἄλλην αἰτίαν, ἀπολελύσθωσαν καὶ πάντα ὅσα ἐστὶν αὐτοῖς ἐν τῇ βασιλείᾳ μου.

4. ibid. X., 89:	4. ibid. XIII., 4, 4:
καὶ προσέθετο δοξάσαι τὸν Ἰωνάθην καὶ ἀπέστειλεν αὐτῷ πόρπην χρυσῆν, ὡς ἔθος ἐστὶ δίδοσθαι τοῖς συγγενέσι τῶν βασιλέων καὶ ἔδωκεν αὐτῷ τὴν Ἀκκάρωνα καὶ πάντα τὰ ὅρια αὐτῆς εἰς κληροδοσίαν.	καὶ πέμπει πρὸς Ἰωνάθην μαρτυρῶν αὐτῷ καὶ γέρα καὶ τιμὰς διδούς, πόρπην χρυσέαν, ὡς ἔθος ἐστὶ δίδοσθαι τοῖς τῶν βασιλέων συγγενέσιν, καὶ Ἀκκάρωνα καὶ τὴν τοπαρχίαν αὐτῆς εἰς κληρουχίαν ἐπιτρέπει.

Wer sich mit den neueren Untersuchungen auf dem Gebiet der griechischen und römischen Quellenforschung beschäftigt hat, wird, glaube ich, die Beobachtung gemacht haben, dass die Uebereinstimmung im Ausdruck sehr häufig viel zu leicht zu Schlüssen über das Quellenverhältnis der Historiker benutzt wird. Man begnügt sich oft mit der Hervorhebung solcher Stellen, an denen dieselben Ausdrücke wiederkehren, ohne zu bedenken, dass die Aehnlichkeit erst dann beweiskräftig wird, wenn nachgewiesen ist, dass die Wahl der betreffenden Ausdrücke nicht durch den Sprachgebrauch geboten war, dass andere Ausdrücke dem Autor mindestens ebenso nahe gelegen hätten.

An diesem Fehler, meine ich, leiden auch die oben angeführten Belegstellen. Denn es geht aus der Zusammenstellung deutlich hervor, dass die dem I. M.-B. und den Antiquitäten gemeinsamen Ausdrücke gut griechische, allgemein gebräuchliche Wendungen, zum Teil sogar termini technici sind, für deren Wahl Abhängigkeit von der Quelle keineswegs die einzig mögliche Erklärung ist. Auch bei der Benutzung einer gemeinsamen Vorlage, vor allem bei einer Uebersetzung, konnte es gar nicht ausbleiben, dass dieselben Wendungen gewählt wurden.

Ich kann dieser Uebereinstimmung daher nicht ein solches Gewicht beilegen, wie Grimm es thut. Noch viel weniger ist dies der Fall bei der folgenden Stelle, die für uns von grösserem Interesse ist, weil Grimm sie einen längeren Passus nennt:

I. M. B. XI., 30. 34:

Βασιλεὺς Δημήτριος Ἰωνάθαν τῷ ἀδελφῷ χαίρειν καὶ ἔθνει Ἰουδαίων. Τὸ ἀντίγραφον τῆς ἐπιστολῆς ἧς ἐγράψαμεν Λασθένει τῷ συγγενεῖ ἡμῶν περὶ ὑμῶν, γεγράφαμεν καὶ πρὸς ὑμᾶς ὅπως εἰδῆτε. „Βασιλεὺς Δημήτριος Λασθένει τῷ πατρὶ χαίρειν. τῷ ἔθνει τῶν Ἰουδαίων φίλοις ἡμῶν καὶ συντηροῦσι τὰ πρὸς ἡμᾶς δίκαια ἐκρίναμεν ἀγαθοποιῆσαι χάριν τῆς ἐξ αὐτῶν εὐνοίας πρὸς ἡμᾶς. Ἑστάκαμεν οὖν αὐτοῖς τά τε ὅρια τῆς Ἰουδαίας καὶ τοὺς τρεῖς νόμους . . . ., αἵτινες προσετέθησαν τῇ Ἰουδαίᾳ ἀπὸ τῆς Σαμαρείτιδος, καὶ πάντα τὰ συγκυροῦντα αὐτοῖς πᾶσι τοῖς θυσιάζουσιν εἰς Ἱεροσόλυμα, ἀντὶ τῶν βασιλικῶν ὧν ἐλάμβανον ὁ βασιλεύς κτλ.

Jos. A. J. XIII., 4, 9:

Βασιλεὺς Δημήτριος Ἰωνάθῃ τῷ ἀδελφῷ καὶ τῶν Ἰουδαίων ἔθνει χαίρειν. Τὸ ἀντίγραφον τῆς ἐπιστολῆς, ἧς ἐγράψαμεν Λασθένει τῷ συγγενεῖ ἡμῶν ἀπεστάλκαμεν ὑμῖν ἵν' εἰδῆτε. „Βασιλεὺς Δημήτριος Λασθένει τῷ πατρὶ χαίρειν. τῷ Ἰουδαίων ἔθνει ὄντι φίλῳ καὶ τὰ δίκαια τὰ πρὸς ἡμᾶς φυλάττοντι τῆς εὐνοίας ἔκρινα χάριν παρασχεῖν, καὶ τοὺς τρεῖς νόμους . . ., οἳ τῇ Ἰουδαίᾳ προσετέθησαν ἀπὸ τῆς Σαμαρείτιδος, καὶ τὰ προσκυροῦντα τούτοις, ἔτι τε ὅσα παρὰ τῶν θυόντων ἐν Ἱεροσ. ἐλάμβανον οἱ πρὸ ἐμοῦ βασιλεῖς κτλ.

Wie man sicht, erstreckt sich die Uebereinstimmung allerdings über einen längeren Passus. Aber was enthält er? *Zwei zufällig aufeinander geschobene Begrüssungsformeln durch eine officielle Formel mit einander verbunden!* Nur soweit diese reichen, zeigt sich die nicht einmal vollständige Uebereinstimmung. Weiterhin tritt dann sofort wieder Abweichung ein: wenn etwa hier ein Ausdruck wie *συντηρῆσαι τὰ δίκαια* oder *ἀγαθοποιῆσαι χάριν* in der Archäologie wiederkehrte, dann würde die Stelle Beweiskraft erlangen. So wie sie jetzt lautet, zeigt sie nur, dass beide Bearbeiter sich ziemlich eng an ihre gemeinsame Quelle gehalten haben, was um so weniger zu verwundern ist, als es sich um die Wiedergabe eines Actenstückes handelte.[1])

Dehnen wir unsere Untersuchung weiter aus, so scheint es sogar, als ob gerade die entgegengesetzte Beobachtung sich bemerkbar mache: ein gewisses Bestreben, selbst gut griechische Ausdrücke des Makk.-Buchs zu vermeiden und durch synonyme Wendungen zu ersetzen. So sind z. B. in dem Schreiben Jonathans an die Spartaner (I. M. B. XII., 6 ff. = A. J. XIII., 5, 8 coll. XII., 4, 10), also auch in einem Actenstück, wo man am ehesten Anlehnung an den Wortlaut der Quelle erwarten sollte, folgende Ausdrücke vertauscht:

I. Makk.-B.	Arch.
οἱ ἱερεῖς καὶ ὁ λοιπὸς δῆμος τῶν Ἰουδαίων	*τὸ κοινὸν τῶν Ἰουδαίων*
πρότερον	*ἐν τοῖς ἔμπροσθεν χρόνοις*

---

[1]) Noch uncritischer ist die Sammlung der Belegstellen, mit denen Bloch die Seiten 81—90 seiner Untersuchung anfüllt. Auf die Gefahr hin, wieder dafür getadelt zu werden, dass ich aus vielen Beweisstellen eine als Angriffspunkt heraussuche, will ich hier die Stelle folgen lassen, welche Bloch pag. 82 mit den Worten anführt: „Nicht minder beweisend ist die überaus grosse Aehnlichkeit der folgenden Stellen."

Jos. A. J. XIII., 7, 3.	I. M. B. 3, 37 ff.
καὶ πειραωσάμενος τὸν Εὐφράτην ἀνέβαινε πρὸς τοὺς ἄνω σατράπας.	*καὶ διεπέρασε τὸν Εὐφράτην ποταμὸν καὶ διεπορεύετο τὰς ἐπάνω χώρας.*
ὁ δὲ Λυσίας ἐπιλεξάμενος Πτολεμαῖον τὸν Δορυμένους καὶ Νικάνορα καὶ Γοργίαν, ἄνδρας δυνατοὺς τῶν τοῦ βασιλέως φίλων, καὶ παραδοὺς αὐτοῖς πεζῆς μὲν δυνάμεως μυριάδας τέσσαρας, ἱππεῖς δὲ ἑπτακισχιλίους, ἐξέπεμψεν ἐπὶ τὴν Ἰουδαίαν κτλ.	*καὶ ἐπέλεξε Λυσίας Πτολ. τὸν Δορ. καὶ Νικ. καὶ Γοργίαν, ἄνδρας δυνατοὺς τῶν φίλων τοῦ βασιλέως. Καὶ ἀπέστειλε μετ' αὐτῶν τεσσαράκοντα χιλιάδας ἀνδρῶν καὶ ἑπτακισχιλίαν ἵππον, τοῦ ἐλθεῖν εἰς γῆν Ἰούδα κτλ.*

Wenn doch Herr Bloch dabei bemerkt hätte, wie man z. B. die Worte „40000 Mann zu Fuss und 7000 Reiter" ausdrücken sollte, um nicht in den Verdacht zu kommen, die griech. Uebersetzung des I. M. B. benutzt zu haben!

Wer die übrigen Stellen bei Bloch prüft, den bitte ich dabei die Frage im Auge zu behalten, ob nicht auch dann die wörtliche Uebereinstimmung sich zeigen müsste, wenn Josephus aus dem hebr. Original übersetzt hätte.

ἀποστέλλειν	κομίζειν
ἀδελφοί ἐστε	συγγένεια ὑπάρχει
ὑπόκειται	ὑποτέτακται
ἐπιδέχεσθαι ἐνδόξως	ἐπιδέχ. προθύμως
ἀπροσδεεῖς ὄντες	οὐ δεόμενοι
παράκλησιν ἔχοντες	πεπεῖσθαι
τὰ βιβλία τὰ ἅγια	τὰ ἱερὰ γράμματα
καιροὶ διῆλθον	χρόνος διαγεγένηται
ἀφ' οὗ ἀπεστείλατε πρὸς ἡμᾶς	ἀπὸ τῆς ἐξ ἀρχῆς ἀναποληφθείσης ἡμῖν οἰκειότητος
ἔν τε ταῖς ἑορταῖς καὶ ταῖς λοιπαῖς καθηκούσαις ἡμέραις	ἐν ταῖς ἱεραῖς καὶ ἐπωνύμοις ἡμέραις
κυκλοῦν	περιστῆναι
οἱ βασιλεῖς οἱ κύκλῳ ἡμῶν	οἱ γειτνιῶντες
τοῖς λοιποῖς συμμάχοις καὶ φίλοις	ἄλλοις τῶν προσηκόντων ἡμῖν
ἠβουλόμεθα	ἐκρίναμεν.

u. s. w.

In ganz anderer Weise sind die Actenstücke des Aristeas-Buchs [1]) in die Archäologie übergegangen. Ich will einige Proben aus dem Schreiben des Ptolemäus an Eleazar mitteilen:

Arist.-B.	Arch.
. . . καὶ ἡμεῖς δὲ παραλαβόντες τὴν βασιλείαν, φιλανθρωπότερον ἀπαντῶμεν τοῖς πᾶσι, πολὺ δὲ μᾶλλον τοῖς σοῖς πολίταις, ὧν ὑπὲρ δέκα μυριάδας αἰχμαλώτων ἠλευθέρωκα . . .	. . . τὴν ἀρχὴν ἐγὼ παραλαβὼν πᾶσι μὲν φιλανθρώπως ἐχρησάμην, μάλιστα δὲ τοῖς σοῖς πολίταις, ὧν ὑπὲρ δέκα μυρίαδας αἰχμαλώτων δουλευόντων ἀπέλυσα . . .
. . . εἴς τε τὸ στράτευμα τοὺς ἀκμαιοτάτους τῇ ἡλικίᾳ τετάχαμεν, τοὺς δὲ δυνα-	. . . τοὺς δὲ ἀκμάζοντας ταῖς ἡλικίαις εἰς τὸν στρατιωτικὸν κατάλογον κατέταξα,

---

[1]) Abgedruckt in der Ausgabe des Josephus von Haverkamp Tom. II.

μένους καὶ περὶ ἡμᾶς εἶναι, τῆς περὶ τὴν αὐλὴν πίστεως ἀξίους . . .

τινὰς δὲ τῶν περὶ ἡμᾶς εἶναι δυναμένων καὶ ἐπὶ τὴν τῆς αὐλῆς πίστιν ἱκανῶν . . .

. . . . Βουλόμενος δὲ καὶ τούτοις χαρίζεσθαι καὶ πᾶσι τοῖς κατὰ τὴν οἰκουμένην Ἰουδαίοις, τὸν νόμον ὑμῶν ἔγνων μεθερμηνεῦσαι καὶ γράμμασιν Ἑλληνικοῖς ἐκ τῶν Ἑβραϊκῶν μεταγραφέντα κεῖσθαι ἐν τῇ ἐμῇ βιβλιοθήκῃ . . .

. . . . βουλομένων δὲ ἡμῶν καὶ τούτοις χαρίζεσθαι καὶ πᾶσι τοῖς κατὰ τὴν οἰκουμένην Ἰουδαίοις καὶ τοῖς μετέπειτα, προῃρήμεθα τὸν νόμον ὑμῶν μεθερμηνευθῆναι γράμμασιν Ἑλληνικοῖς ἐκ τῶν παρ' ὑμῖν λεγομένων Ἑβραϊκῶν γραμμάτων . . .

. . . . Ἀπέσταλκα δέ σοι περὶ τούτων διαλεξομένους Ἀνδρέαν τὸν ἀρχισωματοφύλακα καὶ Ἀρίσταιον, ἐμοὶ τιμιωτάτους· δι' ὧν καὶ ἀπαρχὰς ἀναθημάτων εἰς τὸ ἱερὸν καὶ θυσιῶν καὶ τῶν ἄλλων ἀπέσταλκα, τάλαντα ἀργυρίου ἑκατόν.

. . . Ἀπεστάλκαμεν δὲ περὶ τούτων Ἀ. τὸν ἀρχισωματοφύλακα καὶ Ἀ., τιμιωμένους παρ' ἡμῖν, διαλεξομένους σοι, καὶ κομίσοντας ἀπαρχὰς εἰς τὸ ἱερὸν ἀναθημάτων, καὶ εἰς θυσίας καὶ τὰ ἄλλα ἀργυρίου τάλαντα ἑκατόν.

Und aus dem Antwortschreiben Eleazars:

Πάντα γὰρ ὅσα σοι συμφέρει, καὶ εἰ παρὰ φύσιν ἐστίν, ὑπακουσόμεθα.

Ἴσθι δὲ ἡμᾶς τό σοι συμφέρον, κἂν ᾖ τι παρὰ φύσιν, ὑπομενοῦντας . . .

Εὐθέως οὖν προσηγάγομεν ὑπὲρ σου θυσίας καὶ τῆς ἀδελφῆς καὶ τῶν τέκνων καὶ τῶν φίλων. Καὶ ηὔξατο πᾶν τὸ πλῆθος, ἵνα σοι γένηται, καθὼς προαιρῇ, διὰ παντός· καὶ διασώζῃ σοι τὴν

Εὐθὺς οὖν ὑπὲρ σου καὶ ὑπὲρ τῆς ἀδελφῆς σοῦ καὶ ὑπὲρ τῶν τέκνων καὶ τῶν φίλων προσηγάγομεν θυσίας καὶ τὸ πλῆθος εὐχὰς ἐποιήσατο γενέσθαι σοι τὰ κατὰ νοῦν καὶ φυλαχθῆναί σου *βασιλειαν ἐν ειρήνῃ μετὰ δόξης ὁ κυριεύων ἁπάντων ὁ θεός· καὶ ὅπως γένηταί σοι συμφερόντως καὶ μετὰ ἀσφαλείας ἡ τοῦ ἁγίου νόμου μεταγραφή.*

τὴν βασιλείαν ἐν εἰρήνῃ, τήν τε τοῦ νόμου μεταγραφὴν ἐπὶ συμφέροντι τῷ σῷ λαβεῖν ὃ ἂν προαιρῇ τέλος.

Ich bin auf diese Seite unserer Frage nur deshalb eingegangen, weil ich sehe, dass Grimm dem Anklange im Ausdruck ein so hohes Gewicht beilegt. Im Grunde glaube ich, dass, wo es sich darum handelt, zu entscheiden, nicht dass die Quelle überhaupt, sondern nur in welcher Form sie benutzt ist, die stellenweise bemerkbare Uebereinstimmung im Wortlaut wenig in Betracht kommt. Die Entscheidung liegt im Inhalt.

Excurs.

Die Antiquitäten und der Schluss des I. M.-B.

Der Bericht über die Freiheitskämpfe der Makkabäer in dem XII. u. XIII. Buch der Antiquitäten geht, wie wir sahen, seinem Hauptinhalt nach auf das I. Makkabäer-Buch zurück.

Bis zur Regierung Simons, genauer bis zum Jahr 170 aer. Sel., welches dem Volke Israel seine Selbstständigkeit wiederbrachte (A. J. XIII., 6, 6), giebt die Archäologie in gleicher Ausführlichkeit den reichen Inhalt ihrer Quelle wieder. Dann berichtet diese im 14., 15. und 16. Cap. ebenso ausführlich, wie bisher, die weiteren Thaten Simons bis zu seinem Tode: in der Archäologie tritt plötzlich eine so starke Verkürzung ein, dass der Inhalt der genannten drei Capitel in ebenso vielen Paragraphen wiedererzählt wird, von denen ein Teil sogar auf eine griechische Quelle zurückgeht (A. J. XIII., 7, 1).

Diese auffallende Erscheinung ist nicht unbeachtet geblieben und hat verschiedene Erklärungsversuche hervorgerufen. Mir sind bekannt geworden die Erklärungen von Grimm[1]) und von

---

[1]) Commentar zum I. M. B. praef. pag. XXIX und pag. 212 ff.

Mendelssohn[1]). Gegen Beide lassen sich, wie mich däucht, nicht unerhebliche Bedenken erheben.

Grimm weis't zunächst eine von Ewald gelegentlich geäusserte Vermutung (wovon weiter unten die Rede sein wird) zurück und spricht dann seine eigene Ansicht dahin aus, dass jenes Verhältnis zum I. M.-B. „auf Rechnung der Leichtfertigkeit und Eile zu setzen sei, mit welcher Josephus über diesen Teil der Geschichte hinwegzukommen versuchte“ — wozu in parenthesi hinzugefügt wird: „Aus welchem Grunde, lässt sich natürlich nicht bestimmen.“ Nun wird allerdings schwerlich jemand verlangen, dass allemal, wenn von einem liederlichen Schriftsteller angenommen wird, er habe leichtfertig gearbeitet, auch gleich ein triftiger Grund für diese Leichtfertigkeit angegeben werde. Kann aber andererseits aus der Tendenz des Schriftstellers und aus dem Character der dargestellten Periode nachgewiesen werden, dass diese sein besonderes Interesse erregen musste, so wird die Annahme eines leichtfertigen Verfahrens sicherlich nur geringe Wahrscheinlichkeit für sich haben. Und das ist an unserer Stelle der Fall. Umfasst doch die Regierung Simons die glücklichste und ruhmvollste Zeit der Makkabäerherrschaft, das endliche Resultat des langjährigen Verzweiflungskampfes mit der syrischen Uebermacht! Alle die verschiedenen Phasen dieses Kampfes hat Josephus seiner Quelle bis ins kleinste Detail hinein nacherzählt: woher jetzt auf einmal die Leichtfertigkeit und Eile? Beweis't doch seine ganze Archäologie, dass es ihm selbst für die geringste Lappalie nicht an Zeit und Raum fehlt! Grimm hat keine besonders hohe Meinung von Josephus: so tief wird er ihn aber doch wohl nicht stellen, dass er ihm das Verständnis für die Bedeutung der simonischen Zeit abspricht, zumal da diese in der Quelle deutlich genug hervortritt.

Namentlich aber ist es ein Punct in der letzten Partie des I. M.-B., welcher auf Josephus eine ganz besondere Anziehungskraft ausüben musste: ich meine die Gesandtschaft des Numenius

---

[1]) Ludwig Mendelssohn, Senati consulta Rom. quae sunt in Jos. Antt. — Acta soc. phil. Lips. tom. V. pag. 109 sqq.

und das Bündnis mit Rom. Bei seinem bekannten Bestreben, den römischen Staat als altbewährten Freund und Bundesgenossen des jüdischen Volkes hinzustellen, ist es ganz undenkbar, dass er die ausführliche Darstellung in seiner Quelle verschmäht und sich mit der kurzen Notiz begnügt haben sollte (*Σίμων*) *κρατήσας διὰ πάσης τῶν πολεμίων ἐν εἰρήνῃ τὸν λοιπὸν διήγαγε χρόνον, ποιησάμενος καὶ αὐτὸς πρὸς Ῥωμαίους συμμαχίαν*. (A. J. XIII, 7, 3). Vielmehr scheint mir hieraus — um das jetzt schon vorwegzunehmen — mit völliger Bestimmtheit hervorzugehen, dass Josephus von jenem Bündnis nichts weiter als die einfache Thatsache bekannt gewesen ist und dass er demnach den ausführlichen Bericht im I. M.-B. nicht gekannt haben kann. —[1])

Dem Mangel der Grimm'schen Erklärung hilft diejenige Mendelssohns gewissermassen ab, indem sie, wenn auch nicht für Josephus' Leichtfertigkeit, so doch für die Eile, mit der er über die letzte Partie des I. M.-B. hinweggegangen ist, einen Grund an die Hand giebt. Mendelssohn macht darauf aufmerksam, dass Josephus in der Anordnung der Ereignisse am Anfang der Herrschaft Simons vom I. M.-B. abweicht. Nach dem letzteren ist der Gang folgender: Tryphon bringt Jonathan in seine Gewalt (XII, 39 ff.). Simon tritt an seine Stelle (XIII., 1 ff.). Tryphon tötet Jonathan nach einem vergeblichen Versuch Jerusalem zu überfallen (XIII., 21 ff.), räumt den jungen Antiochus aus dem Wege und setzt sich selbst die Krone auf (XIII., 31 ff.). Simon schliesst sich dem Könige Demetrius an, erlangt von ihm Abgabenfreiheit, Bestätigung der früheren Bewilligungen und erobert die Akra (XIII., fin.). Darauf (172 aer. Sel., c. XIV., 1) unternimmt Demetrius seinen Zug nach Medien und fällt in die Gefangenschaft des Arsaces (XIV., 1 ff.); Simon sendet den Numenius nach Rom, um das Bündnis zu erneuern (XIV., 24 ff.); Numenius kehrt erst zurück, als Antiochus Sidetes den Tryphon in Dora belagert (174 aer. Sel, XV., 10).

[1]) Dasselbe vermutete Ewald, Geschichte des Volkes Israel IV., pag. 384 not. III., ohne eine weitere Begründung zu geben. Den von ihm citierten Whiston habe ich nicht einsehen können. —

Soweit das Makkabäer-Buch.

Hiervon weicht die Darstellung in der Archäologie hauptsächlich darin ab, dass der Partherkrieg des Demetrius früher angesetzt wird, noch zu Lebzeiten Jonathans und des jungen Antiochus IV. (A. J. XIII., 5, 11). Dadurch wird Uebereinstimmung mit den Berichten griechischer Historiker erzielt, welche die Beseitigung des Antiochus eintreten lassen in Folge der Nachrichten, welche Tryphon von der Katastrophe des Demetrius erhalten hatte. Diese abweichende Anordnung der Ereignisse hat, wie Mendelssohn annimmt, den Josephus späterhin gezwungen, manches von dem Inhalt seiner Quelle fortzulassen: Quae (die Erzählung des I. M.-B. von der Ermordung des Antiochus vor der parthischen Expedition) ita esse cum Josephus intellexisset, quoniam ab altera utra parte peccandum erat, Demetrium captum praemisit, ceteroqui scriptorem l. I. Macc. secutus. Quo tamen studio veritatis ex parte saltem servandae mox ita irretitus illaqueatusque est, ut non posset non plurima sciens praetermittere. Etenim cum in l. I. Macc. legisset legatos illos esse missos postquam Demetrius Judaeis tantas immunitates concessisset, ut sane liber inde ab eo tempore esset populus; advenisse autem illos Romam senatumque eis datum esse nullodum de Demetrio capto rumore adlato: profecto quomodo ex istis laqueis se expediret non facile reperiebat. Qua propter omnia illa, quae Demetrius Judaeis concessit, omisit deque ipsa legatione paucissima illa (nämlich die Worte *ποιησάμενος καὶ αὐτὸς πρὸς Ῥωμαίους συμμαχίαν*) rettulit.

Es lässt sich nicht läugnen, dass diese Erklärung beim ersten Lesen recht plausibel klingt. Grosses Bedenken erregt mir allerdings auch hier von vornherein, dass Josephus den Bericht über das röm. Bündnis über Bord geworfen haben soll. Ich glaube, er würde, um ihn zu retten, sich eher noch einige andere Umänderungen seiner Quelle erlaubt haben, wenn er es doch einmal über sein Herz gebracht hatte sich ihrer Führung bei der Ansetzung der Gefangennahme des Demetrius zu entziehen.

Auch das ist nicht zu übersehen, dass Mendelssohns Erklärung allerhöchstens für die Uebergehung der von Demetrius bewilligten

Immunitäten und des röm. Bündnisses genügt, dagegen durchaus unerklärt lässt, weshalb Josephus die Verkürzung auch auf andere, mit jenen gar nicht zusammenhängende Ereignisse ausgedehnt hat.[1])

Aber wir brauchen uns hierbei nicht aufzuhalten: Mendelssohns Erklärung scheitert an dem Umstande, dass die Verschiedenheit zwischen der Archäologie und dem I. M.-B. sich nicht auf die geringere Ausführlichkeit in der ersteren beschränkt, sondern dass sich geradezu abweichende Angaben nachweisen lassen. Sie betreffen namentlich die Eroberung der Akra, oder genauer die Massregeln, welche Simon traf, um diese Zwingburg für die Zukunft in den Händen einer feindlichen Macht unschädlich zu machen, ferner den Kampf Simons mit Antiochus von Side und seinen Tod. In Betreff des erstgenannten Ereignisses heisst es im I. M.-B. einfach so: *καὶ προσωχύρωσε* (Simon) *τὸ ὄρος τοῦ ἱεροῦ τὸ παρὰ τὴν ἄκραν, καὶ ᾤκει ἐκεῖ αὐτὸς καὶ οἱ παρ' αὐτοῦ* (XIII., 52). Josephus dagegen berichtet A. J. XIII., 6, 6 zunächst, Simon habe die Akra von Grund aus zerstört. Dann fährt er fort: *καὶ τοῦτο ποιήσας, ἄριστον ἐδόκει καὶ συμφέρον εἶναι καὶ τὸ ὄρος, ἐφ' ᾧ τὴν ἄκραν εἶναι συνέβαινε, καθελεῖν, ὅπως ὑψηλότερον ᾖ τὸ ἱερόν.* Simon habe daher dem Volke vorgestellt, wie gefährlich der Berg in seiner damaligen Höhe sein könnte, wenn die Hauptstadt etwa wieder in die Gewalt eines Feindes gefallen wäre. Das Volk habe zugestimmt, und so sei denn drei ganze Jahre hindurch an der Abtragung Tag und Nacht gearbeitet worden, und der Erfolg sei gewesen, dass der Tempelberg der dominierende Punct für die Umgebung geworden sei. —

Der erneuerte Krieg mit Syrien traf Simon hochbejahrt: das war nach dem I M.-B. der Grund, weshalb er auf die persönliche Führung des Oberbefehls verzichtete und sie seinen Söhnen anvertraute. XVI., 2 *καὶ ἐκάλεσε Σίμων τοὺς δύο υἱοὺς αὐτοῦ τοὺς πρεσβυτέρους . . . καὶ εἶπεν . . .* 3 *Καὶ δὲ γεγήρακα, καὶ*

---

[1]) Man vergleiche den Bericht über den Feldzug gegen Kendebaios, namentlich über die Schlacht bei Modin, und über die Ermordung Simons.

ὑμεῖς δὲ ἐν τῷ ἐλέει ἱκανοί ἐστε ἐν τοῖς ἔτεσι· γίνεσθε ἀντ' ἐμοῦ καὶ τοῦ ἀδελφοῦ μου, καὶ ἐξελθόντες ὑπερμαχεῖτε ὑπὲρ τοῦ ἔθνους ἡμῶν κτλ. Im Gegensatz hierzu lässt Josephus ihn persönlich ins Feld ziehen, indem er noch ausdrücklich betont: A. J. XIII., 7, 3 *Σίμων δὲ ἀκούσας τὴν ὑπ' Ἀντιόχου παρανομίαν, καίτοι πρεσβύτερος ὢν ἤδη, ὅμως ὑπὸ τῶν μὴ δικαίων τῶν παρὰ Ἀντιόχου γινομένων τυγχάνειν* (?) *παρορμηθείς, καὶ τῆς ἡλικίας φρόνημα κρεῖττον λαβών, νεανικῶς ἐστρατήγει τοῦ πολέμου. καὶ τοὺς μὲν υἱοὺς μετὰ τῶν μαχιμωτέρων προεκπέμπει στρατιωτῶν, αὐτὸς δὲ κατ' ἄλλο μέρος προῄει μετὰ τῆς δυνάμεως.* Demnach wird denn auch der glückliche Verlauf des Feldzugs ihm allein zugeschrieben; von seinen Söhnen ist gar nicht weiter die Rede: *καὶ πολλούς,* so schliesst der Bericht, *ἐν τοῖς φαραγγώδεσι τῶν ὀρῶν τούτων εἰς ἐνέδραν καταστήσας διαμαρτάνει μὲν οὐδεμιᾶς τῶν ἐπιχειρήσεων, κρατήσας δὲ κτλ.*

Ebenso finden sich in dem Berichte von der Ermordung Simons Abweichungen. Nach I. M.-B. wird er mit zwei Söhnen bei einem Gastmahl überfallen und auf der Stelle getötet, der dritte Sohn wird rechtzeitig gewarnt und entkommt den Mördern; nach Josephus bleiben die Söhne noch eine Zeitlang am Leben und werden von dem Mörder dazu benutzt, um ihren Bruder Hyrkan von der Erstürmung der Feste Dagon abzuschrecken (I. M.-B. XVI., 16 = A. J. XIII., 8, 1). —

Ich glaube, die bisherigen Erörterungen haben den Nachweis geliefert, dass Grimms und Mendelssohns Versuche, die Kürze und Mangelhaftigkeit des flavianischen Berichts zu erklären, verfehlt sind. Sie weisen uns zugleich auf die richtige Erklärung hin, indem sie ergeben, dass Josephus den Schluss des I. M.-B. überhaupt nicht benutzt hat. Da sich nun kein Grund nachweisen lässt, weshalb er freiwillig auf die weitere Benutzung seiner Quelle verzichtet haben sollte, alle Erwägungen vielmehr dafür sprechen, dass gerade ihre Darstellung ihm sehr convenieren musste: so bleibt kein anderer Ausweg übrig als anzunehmen, dass er sie nicht weiter hat benutzen können. Das I. Makk.-Buch muss ihm in einer Gestalt vorgelegen haben, in *welcher die Erzählung von den letzten Thaten Simons fehlte.*

Dieses Ergebnis macht es zur Pflicht, zu untersuchen, ob vielleicht das I. M.-B. selbst Anhaltspuncte für die Vermutung gebe, dass es aus einem ursprünglichen Teil und einer späteren Fortsetzung zusammengesetzt sei. Ich bin der Meinung, dass allerdings einige Spuren hierauf hinweisen.

Im XIV. Cap. teilt das I. M.-B. eine Urkunde mit, ausgestellt im Monat Elul, im 3. Jahre des Hohenpriestertums Simons, im Jahr 173 aer. Sel., um — ja, zu welchem Zweck das Document eigentlich ausgestellt ist, ist nicht leicht zu sagen. Soviel ist klar, es handelt sich darum, den Dank des jüdischen Volkes für die grossen Verdienste Simons zu Ausdruck zu bringen.[1])

Aber der Zweck der Urkunde ist für unsere Untersuchung gleichgiltig: genug, dass sie vom Verfasser mitgeteilt wird und als Einleitung eine kurze Darstellung der wichtigsten Ereignisse

[1]) Nach Ewalds, Grimms u. a. Meinung soll dies durch die Verleihung der *Erblichkeit* der Priesterfürstenwürde geschehen sein. Gegenüber diesen Auctoritäten werden vielleicht die Bedenken eines Philologen zurücktreten müssen, der es mit seinem Gewissen nicht vereinigen kann, in die Tilgung eines vortrefflich beglaubigten Wortes zu willigen. Die Stelle lautet XIV, 38: *καὶ ὁ βασιλεὺς Δημήτριος ἔστησεν αὐτῷ (Σίμωνι) τὴν ἀρχιερωσύνην κατὰ ταῦτα,* 39 *καὶ ἐποίησεν αὐτὸν τῶν φίλων αὐτοῦ καὶ ἐδόξασεν αὐτὸν δόξῃ μεγάλῃ.* 40 *ἤκουσε γὰρ ὅτι . . .* 41 *καὶ ὅτι εὐδόκησαν οἱ Ἰουδαῖοι καὶ οἱ ἱερεῖς τοῦ εἶναι Σίμωνα ἡγούμενον καὶ ἀρχιερέα εἰς τὸν αἰῶνα ἕως τοῦ ἀναστῆναι προφήτην πιστὸν κτλ.* Das *ὅτι* vs. 41 ist nach Grimm z. d. St. durch alle Handschr. (mit Ausnahme eines wertlosen cod. Parisinus) und Versionen geschützt. Nur durch die Streichung dieses *ὅτι* gelingt es die Verleihung der Erblichkeit zum Gegenstand des Volksbeschlusses zu machen. Man muss dann annehmen, dass mit vs. 41 das Referat über den Inhalt des vom Volke gefassten Beschlusses beginne, während alles, was vorhergeht, nur die Einleitung bildet. Ich meine aber, es ist zu allen Zeiten Bedürfnis gewesen den eigentlichen Inhalt eines Beschlusses in einem Document auch durch den sprachlichen Ausdruck hervortreten zu lassen. Deshalb vermisse ich hier einen markierenden Zusatz zu dem einfachen *καί*, wenn es auch nur *καὶ τότε* oder *καὶ διὰ ταῦτα* wäre. — Halten wir an der Ueberlieferung fest, so enthält das Schriftstück nichts weiter als eine kurze Aufzeichnung der Verdienste Simons. *Darin bestand eben der Dank des Volkes, dass sie verzeichnet und auf dem Berge Zion öffentlich aufgestellt wurden.* Für etwas anderes als ein Ehrendenkmal scheint die Urkunde auch von dem Verfasser des I. M.-B

aus der bisherigen Regierung Simons enthält. Der betreffende
Passus lautet XIV., 27 (. . Datierung) 29 ἐγνώρισεν ἡμῖν, ἐπεὶ
πολλάκις ἐγενήθησαν πόλεμοι ἐν τῇ χώρᾳ, Σίμων δὲ . . . καὶ οἱ
ἀδελφοὶ αὐτοῦ ἔδωκαν ἑαυτοὺς τῷ κινδύνῳ καὶ ἀντέστησαν τοῖς
ὑπεναντίοις τοῦ ἔθνους αὐτῶν . . . 30 καὶ ἤθροισεν Ἰωνάθαν τὸ ἔθνος αὐτῶν καὶ ἐγενήθη αὐτὸς ἀρχιερεὺς,
καὶ προσετέθη πρὸς τὸν λαὸν αὐτοῦ. 31 καὶ ἐβουλήθησαν οἱ ἐχ-
θροὶ αὐτῶν ἐμβατεῦσαι εἰς τὴν χώραν αὐτῶν καὶ ἐκτρῖψαι τὴν
χώραν αὐτῶν καὶ ἐκτεῖναι χεῖρας ἐπὶ τὰ ἅγια αὐτῶν. 32 τότε
ἀνέστη Σίμων καὶ ἐπολέμησε περὶ τοῦ ἔθνους αὐτοῦ . . . .
33 καὶ ὠχύρωσε τὰς πόλεις τῆς Ἰουδαίας καὶ τὴν
Βαιθσούραν τὴν ἐπὶ τῶν ὁρίων τῆς Ἰουδαίας, οὗ ἦν τὰ ὅπλα
τῶν πολεμίων τὸ πρότερον, καὶ ἔθετο ἐκεῖ φρουρὰν ἄνδρας Ἰουδαίους; 34 καὶ Ἰόππην ὠχύρωσε . . . καὶ τὴν Γαζάρα
τὴν ἐπὶ τῶν ὁρίων Ἀζώτου ἐν ᾗ ᾤκουν οἱ πολέμιοι τὸ πρότερον
ἐκεῖ, καὶ κατῴκισεν ἐκεῖ Ἰουδαίους . . . 35 καὶ εἶδεν ὁ λαὸς τὴν
πρᾶξιν τοῦ Σίμωνος . . . . καὶ ἔθεντο αὐτὸν ἡγούμενον
αὐτῶν καὶ ἀρχιερέα . . . . 36 καὶ ἐν ταῖς ἡμέραις ἐκείνου εὐοδώθη ἐν ταῖς χερσὶν αὐτοῦ τοῦ ἐξαρθῆναι τὰ ἔθνη ἐκ
τῆς χώρας αὐτῶν καὶ τοὺς ἐν τῇ πόλει Δαυὶδ τοὺς ἐν Ἱερουσαλήμ,
οἳ ἐποίησαν ἑαυτοῖς ἄκραν ἐξ ἧς ἐξεπορεύοντο καὶ ἐμίαινον κύκλῳ
τῶν ἁγίων . . . . 37 καὶ κατῴκισεν ἐν αὐτῇ ἄνδρας Ἰουδαίους,
καὶ ὠχύρωσεν αὐτὴν πρὸς ἀσφάλειαν τῆς χώρας καὶ τῆς πόλεως,
καὶ ὕψωσε τὰ τείχη Ἱερουσαλήμ. 38 καὶ ὁ βασιλεὺς Δημήτριος ἔστησεν αὐτῷ τὴν ἀρχιερωσύνην κατὰ ταῦτα,
39 καὶ ἐποίησεν αὐτὸν τῶν φίλων αὐτοῦ καὶ ἐδόξασεν αὐτὸν δόξῃ
μεγάλῃ. 40 ἤκουσε γὰρ ὅτι προσηγόρευνται οἱ Ἰουδαῖοι
ὑπὸ τῶν Ῥωμαίων φίλοι καὶ σύμμαχοι καὶ ἀδελφοὶ
καὶ ὅτι ἀπήντησαν τοῖς πρεσβευταῖς Σίμωνος ἐνδόξως,
41 καὶ ὅτι εὐδόκησαν οἱ Ἰουδαῖοι καὶ οἱ ἱερεῖς τοῦ εἶναι Σίμωνα

---

gar nicht ausgegeben zu werden; vgl. vs. 25 ὡς δὲ ἤκουσεν ὁ δῆμος (auffallender Ausdruck; der Verf. gebraucht sonst vom jüdischen Volk λαός, ὁ δῆμος dagegen vom Ausland. Luther bezieht es auch in der That auf die Römer.) τῶν λόγων τούτων εἶπον Τίνα χάριν ἀποδώσομεν Σίμωνι καὶ τοῖς υἱοῖς αὐτοῦ; . . . 27 καὶ κατέγραψαν ἐν δέλτοις χαλκαῖς καὶ ἔθεντο ἐν στήλαις ἐν ὄρει Σιὼν καὶ τοῦτο τὸ ἀντίγραφον τῆς γραφῆς κτλ.

ἡγούμενον καὶ ἀρχιερέα εἰς τὸν αἰῶνα ἕως ἀναστῆναι προφήτην πιστόν κτλ.

Es ist Grimms Verdienst, auf die Widersprüche hingewiesen zu haben, welche sich zwischen dieser Urkunde und der voraufgegangenen Erzählung in der chronologischen Aneinanderreihung der Ereignisse finden.[1]) Es sind in Kürze folgende: Bethzur und Joppe werden nach der Erzählung *vor* dem Tode Jonathans erobert und befestigt (XI., 66 coll. XII., 33), nach der Urkunde (XIV., 30. 33) *nach* demselben; die Eroberung und Colonisierung von Gazara geschieht in der Erzählung *nach* der Ernennung Simons zum Hohenpriester und *nach* seiner Bestätigung durch Demetrius (XIII., 43—48), in der Urkunde *vor* diesen Ereignissen (XIV., 35); endlich die Eroberung der Akra und die Sendung des Numenius nach Rom dort *nach*, hier *vor* dem Abgabenerlass des Demetrius (XIII., 25. 49. XIV., 24 coll. XIV., 36. 38.).

Beim ersten Anblick scheinen sich diese Angaben so sehr zu widersprechen, dass man es schier unbegreiflich findet, wie zwei so grundverschiedene Relationen überhaupt entstehen konnten. Bei näherer Erwägung ergiebt sich aber, dass Grimm doch etwas zu weit in seiner Kritik gegangen ist; die Schwierigkeiten vereinfachen sich bedeutend. Es ist nämlich wohl zu beachten, dass z. B. die Eroberung von Gazara in der Erzählung XIII., 43 nicht etwa mit einem μετὰ δὲ ταῦτα od. ähnl. als dem vorher Berichteten zeitlich nachfolgend, sondern durch das ἐν ταῖς ἡμέραις ἐκείναις als den vorhergehenden Ereignissen parallellaufend bezeichnet wird; so dass sie in der Urkunde, ohne geradezu zu widersprechen, vor der Anerkennung Simons verzeichnet werden konnte — zumal da sie *sachlich* mit der Eroberung von Bethzur und Joppe zusammengehört. Aus dieser sachlichen Zusammengehörigkeit ist es ferner wohl zu erklären, wenn die Eroberungen der genannten Städte mit der von Gazara in der Urkunde zusammengerückt sind, wodurch allerdings der Schein erregt wird, als ob sie auch zeitlich zusammengehörten. Was endlich die Eroberung der Akra betrifft, die nach Grimms Meinung in der

[1]) Vgl. seine Schlussbemerkung zu cap. XIV.

Urkunde vor die Bestätigung durch Demetrius gesetzt sein soll, so ist auch hier einesteils genau auf den Ausdruck ἐν ταῖς ἡμέραις ἐκείνου (vs. 36) zu achten, welcher, ohne eine genaue Fixierung des Zeitpuncts zu geben, weiter nichts sagt, als dass die Eroberung während der (verflossenen) Regierungszeit Simons vor sich gegangen sei, anderenteils darauf, dass auch die sich daran schliessende Bestätigung durch Demetrius keineswegs mit einem μετὰ ταῦτα od. dgl. als zeitlich nachfolgend bezeichnet wird.

Auf diese Puncte glaube ich daher weniger Gewicht legen zu müssen, als Grimm es gethan hat. Damit bin ich zugleich der Antwort auf die Frage überhoben, ob wir denn überhaupt von unserer Urkunde in der Aufzählung der Thaten Simons eine streng chronologische Anordnung verlangen dürfen.

Auf keine Weise aber lässt sich der Widerspruch in der Ansetzung der Gesandtschaft des Numenius wegdisputieren. „Demetrius bestätigte Simon als Hohenpriester und erwies ihm grosse Ehren“ — sagt die Urkunde vs. 38 — „denn er hatte gehört, die Juden seien Freunde und Brüder vom röm. Volk genannt worden.“ Damit ist ausser allen Zweifel gestellt, dass Absendung und Rückkehr der Gesandten vor die Bestätigung durch Demetrius fielen; während aus der Erzählung (XIII., 34 ff. coll. XIV., 24) nicht weniger unzweifelhaft hervorgeht, dass das Umgekehrte der Fall gewesen sein soll.

Es ist hier nicht der Ort, die Richtigkeit der einen oder der anderen Angabe nachzuweisen. Dagegen werfe ich die Frage auf: Ist es denkbar, dass ein und derselbe Verfasser zwei sich diametral entgegenstehende Angaben in seine Darstellung aufnahm? Denkbar doch wohl nur unter der Voraussetzung, dass der Verfasser ein liederlicher Compilator war, der sich um den Inhalt seines Geschreibsels nicht kümmerte. Diese Voraussetzung trifft aber, wie allgemein anerkannt wird, bei dem Verfasser des Makkabäer-Buchs keineswegs zu. Und so vermag ich jene Erscheinung nicht anders zu deuten als durch die Annahme, dass der letzte Teil des I. M.-B. von der Hand eines anderen Verfassers herstammt.

Man erwäge ausserdem noch folgendes.

Am Anfang von cap. XIV. preis't der Verfasser mit begeisterten Worten die Herrschaft Simons. Vor Allem hebt er hervor, dass mit ihr der Friede wieder eingekehrt sei in Israel: 11 ἐποίησε τὴν εἰρήνην ἐπὶ τῆς γῆς, καὶ εὐφράνθη Ἰσραὴλ εὐφροσύνην μεγάλην. 12 καὶ ἐκάθισεν ἕκαστος ὑπὸ τὸν ἄμπελον αὐτοῦ καὶ τὴν συκῆν αὐτοῦ καὶ οὐκ ἦν ὁ ἐκφοβῶν αὐτούς. 13 καὶ ἐξέλιπεν ὁ πολεμῶν αὐτοὺς ἐπὶ τῆς γῆς καὶ οἱ βασιλεῖς συνετρίβησαν ἐν ταῖς ἡμέραις ἐκείναις. Wie konnte das derselbe Mann schreiben, der unmittelbar darauf im XV. und XVI. cap. von neuen heftigen Kämpfen mit den syrischen Königen berichtet? vor Allem, wie konnte er vs. 4 preisen ἡσύχασεν ἡ γῆ Ἰούδα πάσας τὰς ἡμέρας Σίμωνος und vs. 7 οὐκ ἦν ὁ ἀντικείμενος?

Ueberhaupt macht der ganze Abschnitt am Anfang des XIV. cap. den Eindruck auf mich, als ob er ursprünglich den Schluss des I. M.-B. gebildet habe. Auch in dieser kürzeren Fassung bildete dasselbe ein selbstständiges Ganze. Demetrius' Not im Kampfe gegen Tryphon hatte ihn zur Anerkennung der Unabhängigkeit Israels gezwungen (XIII., 36 ff.); die Zahlung des Tributs hatte aufgehört, die Rechnung nach Regierungsjahren des einheimischen Fürsten begonnen (vs. 42); die Akra war zurückerobert, die verhasste Besatzung, deren Anblick die Juden bisdahin alltäglich als Beweis ihrer politischen Abhängigkeit vor Augen gehabt hatten, verschwunden (vs. 51); Ruhe und Frieden waren wieder in Israel eingekehrt — mit einem Wort „Das Joch der Heiden war abgenommen von Israel" (XIII., 41). Dies bildete nach meiner Meinung ursprünglich den Schluss des I. M.-B., und da dieses beginnt mit dem Auftreten Mattathias' — das Vorhergehende ist als Einleitung anzusehen — so enthielt es *die Geschichte der Freiheitskämpfe des Volkes Israel unter den Makkabäern.*

Die Schrift wurde später fortgesetzt, vermutlich, um die Lücke zwischen ihrer Darstellung und den Jahrbüchern Johann Hyrkans — auf die am Schluss (XVI, 24) ausdrücklich verwiesen wird — auszufüllen. Daneben erhielt sich aber auch die kürzere Fassung. In dieser Gestalt liegt das I. M.-B. den Antiquitäten des Josephus zu Grunde.

Der Punct, wo der Fortsetzer seine Thätigkeit begann, scheint verwischt zu sein. Der erste Verfasser hatte, da sein Ziel erreicht war, einzelne Ereignisse, deren Fortgang und Abschluss zu berichten ihn über sein Ziel hinausgeführt haben würde, ganz ausgelassen, obgleich ihr Anfang gleichzeitig mit einigen von ihm noch erzählten Begebenheiten lag. Andererseits hat er andere Ereignisse, deren Abschluss, streng chronologisch genommen, nicht mehr in seine Schrift gehören würde, trotzdem bis zu Ende vorwegerzählt — wohl, weil er bei seinen Lesern ein besonderes Interesse dafür voraussetzte oder weil er überhaupt den vernünftigen Grundsatz befolgte angefangene Erzählungen zum Abschluss zu bringen. Der Fortsetzer scheint Ausgelassenes nachgetragen zu haben — vielleicht nicht immer an der richtigen Stelle. Dadurch ist im XIII. u. XIV. cap. Unordnung und Verwirrung entstanden.

Ich glaube, dass hierdurch auch die Abweichungen von den griechischen Historikern in jenem Teil des I. M.-B. zu erklären sind.

IV.

Josephus und Nicolaus von Damaskus.

Dem späteren Geschichtschreiber, welcher es unternahm die Zeit Herodes des Grossen darzustellen, musste beim Umschauen nach Quellen sich in erster Linie das Werk des Nicolaus von Damaskus darbieten. Aus 144 Büchern bestehend, umfassten die Ἱστορίαι ihrem weitaus grössten Bestandteil nach eine Compilation der älteren Historiker, wurden jedoch gegen Ende zu einer selbständigen Darstellung der Zeitgeschichte. Im Besitz des königlichen Vertrauens, Zeuge und vielfach Teilnehmer an den wichtigsten Angelegenheiten seines Herrn, zugleich aber durch seine Bildung vor den Zeitgenossen hervorragend, war Nicolaus gewiss im Stande die übernommene Aufgabe auszuführen. Aber er stand im Dienste eines Fürsten, der in den Augen des bei weitem grössten Teils seiner Unterthanen für nichts anderes als für einen Usurpator galt; er schrieb, wenn nicht in seinem Auftrage, doch auf jeden

Fall von ihm angeregt. Es war natürlich, dass an seine Person sich der Vorwurf der Schmeichelei, an seine schriftstellerische Thätigkeit der Tadel der Parteilichkeit knüpfte. Beides ist ihm bis auf den heutigen Tag geblieben; mit welchem Rechte, werden wir im Laufe unserer Untersuchung sehen.

Die Benutzung des Nicolaus durch Josephus ist in den ersten 13 Büchern der Archäologie nur eine gelegentliche; für einzelne Ereignisse wird er als „Zeuge“ angeführt. Dies geschieht meistens mit der Formel *μάρτυς ἡμῖν ἐστιν* od. ähnl. *καὶ Νικόλαος,* welche Art zu citieren beweis't, dass der Hauptstock der Erzählung aus einer anderen Quelle stammt.

Die Benutzung des Nicolaus als Hauptquelle kann daher, wenn sie überhaupt stattgefunden hat, erst mit dem XIV[ten] Buch beginnen.

Die erste Hälfte dieses Buches berichtet von dem wachsenden Einfluss des Antipater, Vater des Herodes, bis zu seiner Ermordung (Arch. XIV., 11, 4). Daran schliessen sich die Kämpfe seiner Söhne für die Behauptung der gewonnenen Machtstellung, die mit dem Ende des XIV[ten] Buches mit der Eroberung Jerusalems durch Sosius und Herodes ihren vorläufigen Abschluss finden. Das XV[te] Buch enthält dann bis XV., 6, 7 die Geschichte des Königs Herodes bis zur Schlacht bei Actium. Den drohenden Folgen der Niederlage des Antonius entgeht der König; er erlangt vom Sieger die Bestätigung seiner Herrschaft, deren weiteren Verlauf die folgenden Bücher bis XVII., 8, 4 schildern. Der Rest des XVII[ten] Buches umfasst die Regierung des Archelaus bis zu seiner Verbannung.

Parallel mit der Erzählung der Arch. läuft, bald in gleicher Ausführlichkeit, bald verkürzt, an nicht wenigen Stellen aber auch eingehender [1]) die Darstellung im Jüd. Krieg (I., 6, 1—33, 9).

---

[1]) Ich stelle hier kurz dasjenige zusammen, was der Jüd. Krieg im ersten Buch cap. 7—22 mehr bietet. Die eingeklammerten Angaben fehlen in der Archäologie. — B. J. I., 8, 2 (*Ἀλέξανδρος*) *τὰ ἐπιτήδεια τῶν χωρίων ἐπετείχιζεν, Ἀλεξάνδρειόν τε καὶ* [*Ὑρκάνειον*] *καὶ Μαχαιροῦντα* cf. A. J. XIV., 5, 2. — 8, 6 [*περὶ δὲ δισχιλίους ἀνέφευγον εἴς τινα λόφον*] cf. A. J. XIV., 6, 1. — 13, 2 *καὶ φρουροὺς αὐτῶν ἄνδρας ἑξήκοντα ταῖς πλησίον οἰκίαις ἐγκατέστησεν* cf. A. J.

Ich erinnere an das oben (pag. 17 ff.) gefundene Resultat in Betreff des Verhältnisses beider Berichte, wonach die Archäologie unabhängig vom Polemos geschrieben ist.

Von den Historien des Nikolaus ist der grösste Teil spurlos verloren. Erhalten sind nur aus den ersten Büchern längere Excerpte, aus den letzten einzelne Fragmente.[1]) Beide geben uns kein Material, um die Benutzung der Historien für Buch XIV—XVII. nachzuweisen. Wir sind deshalb ausschliesslich auf den *Βίος Νικολάου* angewiesen,[2]) der, ebenfalls nur in Bruchstücken erhalten, die gleichzeitigen Ereignisse, soweit Nicolaus persönlich mit ihnen in Verbindung stand, berichtet. Mit seiner Hülfe lässt

---

XIV., 13 *ὁπλίτας τινάς*. — 13, 3 *Φασάηλος . . . τὸν Πάρθον εἰσδέχεται μετὰ πεντακοσίων ἱππέων* cf. A. J. XIV., 13, 4 *σὺν ἱππεῦσιν ὀλίγοις*. — 14, 1 *τάλαντα δ' ἦν ἕτοιμος δοῦναι τριακόσια* [*προστησάμενος Τυρίους παρακαλοῦντας*] cf. A. J. XIV., 14, 1.—18, 5 *μισθοῦται* Herodes die von Antonius der Cleopatra geschenkten Gebietsteile [*διακοσίων ταλάντων εἰς ἐνιαυτόν*] cf. A. J. XIV., 14, 2.— 19, 1 Herodes will Antonius Hülfe bringen *ὡς ἤδη τῶν τε ἄλλων τῶν κατὰ Ἰουδαίαν ἀπηλλαγμένος θορύβων* [*καὶ κεκρατηκὼς Ὑρκανίου, ὃ δὴ χωρίον ἡ Ἀντιγόνου κατεῖχεν ἀδελφή*] cf. A. J. XV., 5, 1.— 19, 2 [*Ὄρμιζα*] cf. A. J. XV., 5, 1.—13, 3 [*ἀρχομένου τοῦ ἔαρος*] Zeitbestimmung für das Erdbeben im Jahr cf. A. J. XV., 5, 2.— 19, 5 *στρατοπεδευσάμενος δὲ* [*περὶ Φιλαδέλφειαν*] *ἐγγὺς τῶν πολεμίων* cf. A. J. XV., 5, 4. — ibid. *δεινὴ γάρ τις ἦν κατάπληξις* [*καὶ πρὸ τοῦ πλήθους ὁ στρατηγὸς Ἔλθεμος αὐὸς ἦν τῷ δέει*] cf. A. J. XV., 5,4.— 19, 6 [*πεντακόσια τάλαντα*] cf. A. J. XV., 5, 5.— 21, 2 [*καὶ ἑξακισχιλίους εἰς αὐτὴν οἰκήτορας καταγαγών*] cf. A. J. XV., 8, 5. — Von dem Inhalt von B. J. I., 21, 11, wo die durch Herodes' Munificenz entstandenen Prachtbauten in Tripolis, Damaskus, Ptolemaïs u. s. w. aufgezählt werden, findet sich in der Archäologie nur ein kleiner Teil; vgl. XVI., 5, 2. 3. —

[1]) Müller Frgm. hist. graec. III., pag. 343 ff. — Bei Sevin, Recherches sur l'hist. de la vie et des ouvrages de Nicolas de Damas (Mem. de l'Acad. franc. VI. pag. 486 ff. 1729) sucht man vergebens Näheres über sein Verhältnis zu Josephus.

[2]) Bei Müller a. a. O. — Die Ueberlieferung bezeichnet Nicolaus selbst als Verfasser dieser Biographie, eine Angabe, gegen welche zuerst Orelli auf Grund der masslosen Lobeserhebungen im Frgm. 6 Zweifel erhoben hat; nach meiner Meinung mit vollem Recht. Die Bemerkung, mit welcher Müller für die Ueberlieferung eintritt, dass dem Schmeichler des Herodes und Augustus mit Fug und Recht Selbstschmeichelei zugetraut werden dürfe, hat doch nur bis zu einer gewissen Grenze Berechtigung, und diese Grenze wird im Frgm. 6 ohne Zweifel überschritten. Für unsere Untersuchung ist übrigens diese Frage gleichgiltig. Denn mag auch der erhaltene *Βίος* von einem Freund herrühren, so geht sein Inhalt doch ohne Zweifel auf Nicol. eigene Darstellung zurück.

sich für einen Teil des XVI. und XVII. Buches der Nachweis über den Ursprung des flavianischen Berichts führen.

Wir würden daraus einen Schluss für die Herleitung der übrigen Erzählung ziehen dürfen, wenn wir es mit zwei Geschichtsschreibern zu thun hätten, welche denselben religiösen und politischen Standpunct einnähmen. Bei Nicolaus und Josephus ist gerade das Entgegengesetzte der Fall: jener ein strenggläubiger Jude, dieser ein Heide; Nicolaus ein Anhänger der Usurpation, gegen welche Josephus von bitterem Hasse erfüllt war. Unter diesen Umständen liegt die Möglichkeit, ja sogar die Wahrscheinlichkeit vor, dass Josephus die Darstellung seiner Quelle, selbst wenn er ihr im Grossen und Ganzen folgte, doch im Einzelnen, vielleicht auf Grund anderer Quellen, modificiert habe. Das einzige Mittel, dies festzustellen, besteht in einer genauen Prüfung seines Berichtes. Bevor wir dazu übergehen, sind einige allgemeine Puncte von Wichtigkeit zu besprechen.

Josephus polemisiert wiederholt heftig gegen Nicolaus. Er behauptet, seine Historien, soweit sie für die Zeit des Herodes in Betracht kämen, taugten nichts; er versichert, es selbst besser machen zu wollen. Ist jene Behauptung gerechtfertigt? Sind seine Versicherungen ausgeführt? Sehen wir uns seine eigenen Aeusserungen näher an. Die wichtigste Stelle ist A. J. XVI., 7, 1. Nachdem er hier von dem angeblichen Versuch des Herodes, seiner Kasse durch Plünderung des Davidgrabes aufzuhelfen, berichtet hat, knüpft er daran folgende Bemerkungen über Nicolaus:

> *Τούτου καὶ ὁ Νικόλαος ὁ κατ' αὐτὸν ἱστοριογράφος μέμνηται τοῦ κατασκευάσματος* (welches Herodes *τοῦ δέους ἱλαστήριον μνῆμα λευκῆς πέτρας ἐπὶ τῷ στομίῳ* des Grabes errichtet haben soll), *οὐ μὴν ὅτι κατῆλθεν, οὐκ εὐπρεπῆ τὴν πρᾶξιν ἐπιστάμενος. διατελεῖ δὲ καὶ τὰ ἄλλα τοῦτον τὸν τρόπον χρώμενος τῇ γραφῇ. ζῶν τε γὰρ ἐν τῇ βασιλείᾳ καὶ συνὼν αὐτῷ, κεχαρισμένως ἐκείνῳ καὶ καθ' ὑπηρεσίαν ἀνέγραφεν, μόνων ἁπτόμενος τῶν εὔκλειαν αὐτῷ φερόντων, πολλὰ δὲ καὶ τῶν ἐμφανῶς ἀδίκων ἀντικατασκευάζων καὶ*

μετὰ πάσης σπουδῆς ἐπικρυπτόμενος· ὅς γε καὶ Μαριάμμης θάνατον καὶ τῶν παίδων οὕτως ὠμῶς τῷ βασιλεῖ πεπραγμένον εἰς εὐπρέπειαν ἀνάγειν βουλόμενος ἐκείνης τε ἀσέλγειαν καὶ τῶν νεανίσκων ἐπιβουλὰς καταψεύδεται, καὶ διατετέλεκε τῇ γραφῇ τὰ μὲν πεπραγμένα δικαίως τῷ βασιλεῖ περιττότερον ἐγκωμιάζων, ὑπὲρ δὲ τῶν παρανομηθέντων ἐσπουδασμένως ἀπολογούμενος. ἐκείνῳ μὲν οὖν πολλὴν ἄν τις, ὡς ἔφην, ἔχοι τὴν συγγνώμην· οὐ γὰρ ἱστορίαν τοῖς ἄλλοις, ἀλλ' ὑπουργίαν τῷ βασιλεῖ ταύτην ἐποιεῖτο· ἡμεῖς δὲ . . . τὸ ψεύδεσθαί τι περὶ αὐτῶν οὐκ εὐπρεπὲς ὑπειληφότες καθαρῶς καὶ δικαίως ἐκτίθεμεν τὰς πράξεις κτλ.

Das sind allerdings zwei schwerwiegende Vorwürfe, die gegen Nicolaus erhoben werden: er berichtete nur die Ereignisse, welche dem Könige Ruhm brachten, unterdrückte aber und verdrehte die ihm nachteiligen Thatsachen. Wie steht es nun zunächst mit dem Zweiten? Unter den *ἐμφανῶς ἄδικα* können nicht, wie man wohl geneigt sein möchte anzunehmen, die »Verbrechen« des Herodes gegen seine Angehörigen gemeint sein; wir können mit Bestimmtheit nachweisen, dass — mit alleiniger Ausnahme von dem Tode des jungen Aristobul — sämmtliche Scenen des Familiendramas von Nicolaus geschildert worden sind.[1]) Josephus muss also andere Handlungen des Königs darunter verstanden haben; in erster Linie offenbar die Grabplünderung: sie ist es, die überhaupt zu dieser Polemik ihm Veranlassung gegeben hat und von ihr erklärt er ja eben vorher ausdrücklich, Nicolaus habe sie verschwiegen *οὐκ εὐπρεπῆ τὴν πρᾶξιν ἐπιστάμενος*. Hiermit hat es nun aber doch eine eigene Bewandtnis; die ganze Geschichte ist unzweifelhaft nichts weiter als eine Legende, zu

---

[1]) Von der Hinrichtung der Mariamme, des Aristobulus und des Alexander bezeugt Josephus es selbst in den unmittelbar a. a. O. folgenden Sätzen. In Betreff der Hinrichtung des Hyrkan geht es aus A. J., XV. 6, 3 hervor. Dass der Process gegen Antipater und die übrigen sich daranschliessenden Verurteilungen von Nicol. nicht verschwiegen sind, bedarf nicht des Beweises.

deren Bildung die aus einem uns unbekannten Grunde (sicherlich nicht zur Erinnerung an sein missglücktes Vorhaben) geschehene Errichtung des *μνῆμα λευκῆς πέτρας* durch Herodes Veranlassung gegeben hat; wird ja doch auf ihren Ursprung durch das *φλογὸς ἔνδοθεν εἰσιοῦσιν ἀπαντώσης, ὡς ἐλέγετο* deutlich genug hingewiesen. Zu fordern, dass Nicolaus dies Ereignis berichten sollte, wäre unbillig; und wenn Josephus ihm aus der Uebergehung einen Vorwurf macht, so thut er ihm ganz entschieden bitteres Unrecht.

Nach dieser Erfahrung wird man es uns nicht verdenken, wenn wir auch seinen übrigen Behauptungen gegenüber Misstrauen zeigen. Und dies Misstrauen erweis't sich als ganz berechtigt.

A. J. XV., 6. 3 erzählt Josephus die Hinrichtung Hyrkans. Daran knüpft er folgende Bemerkung: *ταῦτα δὲ γράφομεν ἡμεῖς ὡς ἐν τοῖς ὑπομνήμασι τοῖς τοῦ βασιλέως Ἡρώδου περιείχετο. τοῖς δὲ ἄλλοις οὐ κατὰ ταῦτα συμφωνεῖ· τὸν γὰρ Ἡ. οὐκ ἐπὶ τοιούτοις δοκοῦσιν, ἀλλ' ἐξ ἐπιβουλῆς μᾶλλον Ὑρκανῷ τὴν αἰτίαν ἐπαγαγόντα κατὰ τὸν αὑτοῦ τρόπον ἀποκτεῖναι. γράφουσι γὰρ οὕτως κτλ.* Zu diesen Worten bemerkt Müller: Quae non ita sunt intellegenda, ut commentarios ab ipso rege de rebus suis in publicum editos a Josepho inspectos esse putemus; nam neque aliunde de eis constat, neque omnino probabile est scribendis eis operam dedisse regem multis ad mortem usque negotiis districtum, cuique Nicolaus *ἱστοριογράφος* praesto adesset. Verum hic ipse Nicolaus, ut fidem dictis conciliaret, ad regiarum chartarum testimonia provocasse censendus est. Das scheint mir unzweifelhaft richtig zu sein. Wenn nun aber die Berufung auf die *ὑπομνήματα* von Josephus aus Nicolaus herübergenommen ist[2]), so muss auch notwendig der Hinweis auf die ihnen gegenübergestellten Berichte der *ἄλλοι* aus ihm stammen: trennen lässt sich eins von dem Andern nicht. .Daraus folgt denn

---

[1]) Frgm. hist. graec. III., pag. 420 not.

[2]) Nach dem, was wir oben (pag. 21 ff.) bei dem *ὡς καὶ ἐν ἄλλοις δεδηλώκαμεν* gesehen haben, kann diese Herübernahme nichts Wunderbares mehr haben.

aber doch wiederum zweierlei: erstens für Nicolaus, dass die Parteiligkeit seiner Darstellung nicht so weit gegangen ist, wie man aus Josephus Aeusserungen schliessen sollte. Hat er doch hier nicht allein auf den Ursprung seiner Erzählung aufmerksam gemacht — der ihr gewiss eben so wenig in damaligen Zeiten zur Empfehlung gedient hat, wie heutzutage — sondern auch auf die Existenz abweichender Berichte hingewiesen und ihren Inhalt summatim angegeben. Das ist doch ohne Zweifel ein Beweis von relativer Unparteilichkeit und erschüttert jedenfalls Josephus Behauptung, dass er *τὰ εὔκλειαν φέροντα* allein erwähnt habe. — Zweitens geht aus derselben Stelle für Josephus hervor, dass wir seine pathetische Versicherung, nach Wahrheit streben zu wollen, nicht so auffassen dürfen, als ob er sich bemüht habe anderes Quellenmaterial heranzuziehen, um mit seiner Hülfe den Mängeln der Historien abzuhelfen. Er hat den Bericht des Nicolaus über das Ende Hyrkans ruhig abgeschrieben; und wenn er das hier gethan hat, wo doch der Hinweis auf die Hypomnemata ihn zur Vorsicht mahnte, wo er überdies in seiner Quelle ausdrücklich darauf aufmerksam gemacht wurde, dass es schriftliche Darstellungen — *γράφουσι γὰρ οὕτως* — gäbe, welche einen anderen Standpunct einnähmen, so lässt es sich an anderen Stellen noch weniger erwarten, dass er grössere Kritik geübt habe.

Ich will noch auf einen anderen Punct aufmerksam machen. Es kommt in der Erzählung häufig vor, dass Herodes bei der gegen Verdächtige eingeleiteten Untersuchung die Tortur anwenden lässt. Es darf nicht übersehen werden, dass auf den zweifelhaften Wert der hierdurch erpressten Geständnisse wiederholt hingewiesen wird.[1]) Die betreffenden Worte können nun entweder aus der Quelle herübergenommen sein (was namentlich an der ersten der unten angegebenen Stellen wahrscheinlich ist, da die Bemerkung sich sowohl im Jüd. Krieg als auch in der Arch. findet), oder von

[1]) Vgl. die Tortur des Teron, B. J. I, 24, 4: *τοῦτο οἱ μὲν εἰς ἀπαλλαγὴν τῆς τοῦ πατρὸς αἰκίας πεπλάσθαι, τινὲς δὲ ἀληθὲς ἔλεγον* — A. J. XVI., 11, 6: *ἄδηλον εἴτε τὴν ἀλήθειαν ἐκβιασθεὶς φράζειν, εἴτε κἂν περιγραφὴν νοήσας τινὰ ταύτην τῶν κακῶν αὐτῷ καὶ τῷ γεγεννηκότι.* Aehnlich A. J. XVII., 4, 2: *λέγουσα μέν, ὡς ἔφασαν οἱ πολλοὶ τῶν ἀνθρώπων, ἀληθῆ τὰ πάντα.*

Josephus selbst herrühren. Im ersteren Falle beweisen sie wieder die relative Unparteilichkeit der Quelle; im letzteren deuten auch sie darauf hin, dass Josephus ihr gegenüber eine sehr milde Kritik geübt hat. Wie leicht wäre es ihm nicht gewesen, die Schuld des Herodes zu vergrössern, indem er die Möglichkeit, dass die erpressten Aussagen auf Wahrheit beruhten, gänzlich ausschloss!

Ich glaube nachgewiesen zu haben, dass Josephus' Anklagen gegen Nicolaus übertrieben sind. Die bisherige Forschung hat eben nach meiner Meinung den Fehler begangen, seinen Worten allzugrosses Vertrauen zu schenken. Man scheint nicht bedacht zu haben, dass er die Rolle eines Anklägers, Zeugen und Richters in einer Person vereinigt, dass, wenn irgend einer in dieser Angelegenheit Partei ist, Josephus selbst es gewiss ist. Es wäre ganz natürlich gewesen, wenn man den Aussagen dieser Partei über einen Gegner mit Misstrauen entgegengekommen wäre. Anstatt dessen hat man sich begnügt sie vertrauensvoll hinzunehmen, ohne auch nur einen Versuch zu machen, ob nicht ihre Richtigkeit auf irgend eine Weise geprüft werden könne. Dass diese Prüfung nicht unmöglich war, zeigt meine oben gegebene Darlegung; und wenn sie nun das Resultat ergeben hat, dass das Urteil des Josephus, das einzige, welches uns über Nicolaus' Geschichtschreibung überliefert ist, nicht vertrauenerweckend ist, so ist die Frage nach seiner Parteilichkeit oder Unparteilichkeit — ich will lieber sagen, nach der Grösse seiner Parteilichkeit — noch immer eine offene. Denn die Stellung, welche er am Hofe des Herodes einnahm, und die offenbar Schuld gewesen ist, dass man bis in die neueste Zeit dem Urteil des Josephus ohne Weiteres getraut hat, könnte es uns doch nur erklären, wie er dazu gekommen wäre, die Geschichte seines Herrn zu fälschen — wenn dies anderweitig feststände; aber aus ihr ohne Weiteres zu schliessen, dass es der Fall habe sein müssen, wäre doch gewiss verkehrt. Ist ja nicht einmal das ausgemacht, wann er sein Geschichtswerk und speciell den Teil, welcher die Zeit des Herodes umfasste, geschrieben hat. Man wird zugeben, dass es einen bedeutenden Unterschied für die Färbung seiner Darstellung machen musste, ob der König bei ihrer Ausarbeitung und Veröffentlichung noch lebte oder schon zu den Toten zählte. Wenn wir auch annehmen dürfen, dass Nicolaus selbst im letzteren Fall nicht die Rücksichten gegen die Person seines Herrn ausser Acht gelassen haben würde, so musste er doch nach seinem Tode in der Beurteilung seiner Angehörigen und seiner Umgebung viel freiere Hand bekommen. Die Anhaltspuncte, welche uns die Ueberlieferung zur Entscheidung dieser Frage bietet, sind sehr gering. Aus frgm. 4 der Vita erfahren wir, dass Herodes plötzlich ein Interesse für historische Studien gezeigt habe, nachdem seine Neigung zur Beschäftigung mit Philosophie und Rhetorik erkaltet war. Es wird ausdrücklich angegeben [1]), dass erst hierdurch Nicolaus angeregt wurde, den Plan zu einem umfangreichen Werk zu fassen und auszuführen. Wenn nun die Vita fortfährt: *Ἐκ τούτου πλέων εἰς Ῥώμην ὁ Ἡρώδης ὡς Καίσαρα, ἐπήγετο τὸν Νικ. ὁμοῦ ἐπὶ τῆς αὐτῆς νηός, καὶ κοινῇ ἐφιλοσόφουν*, so darf man daraus nicht den Schluss ziehen, dass das Werk schon vor dieser Reise vollendet gewesen sei. Vielmehr wissen wir aus Josephus bestimmt, dass der Tod von Mariammes Söhnen in ihm erzählt war. Und wenn dies auch das letzte Ereignis ist, welches wir auf Grund eines ausdrücklichen Zeugnisses mit Bestimmtheit den *ἱστορίαι* zuschreiben können, so glaube ich doch nicht, dass man Müllers Ausführungen [2]) widersprechen darf, wonach wenigstens die Hinrichtung Antipaters und demgemäss auch der Tod des Herodes, höchst wahrscheinlich aber auch die Verhandlungen vor Augustus, die zur Bestätigung der Nachfolge des Archelaus führten, von Nicolaus erzählt worden sind. [3]) Soviel steht auf jeden Fall fest: ein Teil der Historien

---

[1]) Vit. frgm. 4 (Müller III., pag. 351): *Καὶ ἐπὶ τοῦτο* (Geschichtsforschung) *ὁρμήσας προὔτρεψε* (Herodes) *καὶ Νικόλαον πραγματευθῆναι τὰ περὶ ἱστορίαν. Ὁ δὲ μείζονι ἐφέσει ὥρμησεν ἐπὶ τὸ πρᾶγμα, πᾶσαν ἀθροίσας τὴν ἱστορίαν* . .

[2]) III., pag. 345.

[3]) Die Vermutung, dass die Historien diesen in jeder Hinsicht passenden Abschluss gehabt haben, wird (was Müller nicht erwähnt) nicht unerheblich durch die Beobachtung gestützt, dass die Erzählung, welche bis A. J. XVIII., 12, d. h. bis zur kaiserlichen Entscheidung, in gleichmässiger Ausführlichkeit fortläuft, aus der 10jährigen Regierungszeit Archelaus' nur die Geschichte des falschen Alexander nebst einigen anderen dürftigen Notizen bringt und dann plötzlich zu den Ereignissen des letzten Regierungsjahres überspringt.

ist nach dem Tode des Herodes geschrieben. Seinen Umfang nach rückwärts hin genau zu bestimmen ist natürlich heute nicht mehr möglich; wenn man aber an die gewaltige Ausdehnung des Werkes denkt und erwägt, welche Ansprüche der Dienst des Königs an die Zeit des Verfassers stellen musste, so wird man geneigt sein, ihn nicht gar zu klein anzunehmen. Ja, ich möchte glauben, dass wenigstens ein terminus post quem mit einiger Wahrscheinlichkeit sich nachweisen lässt; vorausgesetzt, dass Müllers Vermutung über den Ursprung des Citats aus den Hypomnemata (A. J. XV., 6, 3) und die von mir daraus gezogenen Schlüsse richtig sind. Ich erinnere daran, dass an jener Stelle von dem Berichte über die Hinrichtung Hyrkans, welcher dem Könige günstig war, gesagt wurde, er gehe auf die Hypomnemata zurück, und dass ihm mit den Worten *τοῖς δὲ ἄλλοις οὐ κατὰ ταῦτα συμφωνεῖ* eine den gegnerischen Standpunct verratende Darstellung gegenübergestellt ist. Es ist undenkbar, dass Nicolaus, wenn er bei Lebzeiten des Königs schrieb, in einem Werke, welches nicht allein dem Könige nicht verborgen bleiben konnte, sondern sogar ausdrücklich für ihn bestimmt war, das feindselige Gerede, welches in den Parteischriften über Hyrkans Tod erging, auch nur mit einem Wort erwähnt habe; vollends undenkbar ist es, dass er es ausführlich berichtete, ohne auch nur einen Versuch zu machen seine Unwahrheit und Grundlosigkeit darzuthun. Beide Berichte sind einfach neben einander gestellt; dem Leser wird die Wahl gelassen, wen von Beiden er für den glaubhafteren halten will, ohne dass der Erzähler sein Urteil anders zu beeinflussen suchte, als dadurch, dass er den einen Bericht zu seiner Hauptdarstellung machte. Es lässt sich dies nach meiner Meinung nur erklären, wenn wir annehmen, Nicolaus habe die betreffende Stelle nach dem Tode des Königs geschrieben, zu einer Zeit, wo schon Schriften veröffentlicht waren, die einen ausgeprägt feindlichen Standpunct dem Herodes gegenüber einnahmen, und wo er sich nicht zu scheuen brauchte, ihren Inhalt anzudeuten.

Führt nicht noch ein anderer Weg zu demselben Resultat? Die Anordnung des Stoffes ist für die herodeische Zeit eine andere im Jüd. Krieg wie in der Archäologie. Dort werden in zwei grossen Gruppen erst die politischen, dann die Familienereignisse berichtet; hier sind beide in einander gefügt. Welche Anordnung fand Josephus in seiner Quelle vor? Ich bin nicht zweifelhaft, dass die Form, in welcher die Erzählung im Pol. erscheint, die ursprüngliche ist. Darauf weis't der Umstand hin, dass namentlich in ihrem letzten Teil die Form der einfachen Erzählung aufgegeben und dafür in einem Ton fortgefahren wird, wie man ihn wohl in einem *ἐγκώμιον Ἡρώδου* suchen würde.[1]) Ich wüsste es nicht zu erklären, wie Josephus dazu gekommen sein sollte, seine Darstellung in eine Form zu kleiden, welche sich mit seiner Gesinnung gegen Herodes gar nicht vereinigen lässt. Es muss seine Quelle gewesen sein, die darin auf ihn ihren Einfluss ausübte; zum Nikolaus passt die rhetorisierende Form sehr gut, mag man nun seinen Bildungsgang ins Auge fassen oder die Stellung, die er zu dem Gegenstand seiner Darstellung einnahm. Seine Quelle also hat Jos. das Material gegeben, hat ihm die Disposition desselben übermittelt und schliesslich sogar ihn so zu bestricken gewusst, dass er sein selbständiges Urteil drangab und in den Ton einstimmte, in welchem sie das Lob des Herodes sang. Nun ist der Bericht im Pol. nicht chronologisch, sondern sachlich disponiert;[2]) um eine solche Disposition aber entwerfen zu können, muss der Verfasser einen grossen Teil des Materials, welches Herodes' Leben bis zu seinem Tode hin betraf, gesammelt

---

[1]) Ich mache hier nur auf folgende Wendungen aufmerksam: B. J. I., 22, 9 *φιλοπάτωρ γε μήν, εἴ τις ἕτερος κτλ.* 22, 11: *τί δεῖ λέγειν τὰς εἰς Λυκίους ἢ Σαμίους δωρεάς, ἢ τὴν δι' ὅλης τῆς Ἰωνίας, ἐν οἷς ἐδεήθησαν ἕκαστοι, δαψίλειαν; ἀλλ' Ἀθηναῖοι καὶ Λακεδαιμόνιοι Νικοπολῖταί τε καὶ τὸ κατὰ Μυσίαν Πέργαμον οὐ τῶν Ἡρώδου γέμουσιν ἀναθημάτων; τὴν δὲ Ἀντιοχέων τῶν ἐν Συρίᾳ πλατεῖαν οὐ φευκτὴν οὖσαν ὑπὸ βορβόρου κατέστρωσέ τε . . . καὶ πρὸς τὰς ὑετῶν ἀπορυγὰς ἐκόσμησεν ἰσομήκει στοᾷ;* 22, 12: *ἀνήνυτον δ' ἂν εἴη χρεῶν διαλύσεις ἢ φόρων ἐπεξιέναι, καθάπερ . . .* ibid. *πλεῖστόν γε μὴν αὐτοῦ τῆς μεγαλονοίας ἔθραυσεν ὁ φόβος, ὡς μὴ δόξειεν ἐπίφθονος ἢ τι θηρᾶσθαι μεῖζον, εὐεργετῶν τὰς πόλεις πλέον τῶν ἐχόντων.*

[2]) Es tritt im Polemos deutlich folgende Disposition hervor: I. Die politischen Ereignisse (— I., 20, 14). II. Die Bauten des Königs 1. in Jerusalem, 2. im Königreiche, 3. im Auslande. III. Seine Persönlichkeit. IV. Die Familienzerwürfnisse V. Krankheit und Tod.

vor Augen gehabt haben; er kann also erst nach diesem Zeitpunct an dessen Verarbeitung herangegangen sein.

Nach diesen allgemeinen Bemerkungen, für deren Richtigkeit sich im Laufe unserer Untersuchung noch andere Beweise ergeben werden, gehe ich zu dem Versuch über, das Eigentum des Nicolaus aus den Büchern XIV.—XVII. nachzuweisen. Es scheint am besten zu sein, dabei der Darstellung des Josephus Schritt für Schritt zu folgen; der bequemeren Uebersicht halber zerlege ich das umfangreiche Material in kleinere Partien.

I. Hyrkan und Aristobul. Antipater. Pompeius und Gabinius. A. J. XIV., 1, 1 — 6, 4.

Der Bericht schliesst mit den Worten: *περὶ δὲ τῆς Πομπηΐου καὶ Γαβινίου στρατείας ἐπὶ Ἰουδαίους γράφει Νικόλ. ὁ Δ. καὶ Στράβων ὁ Καππάδοξ, οὐδὲν ἕτερος ἑτέρου καινότερον λέγων.* Wir dürfen doch wohl ergänzen: „und der übereinstimmende Bericht Beider ist von mir wiedergegeben worden?“ Damit wäre dann der grösste Teil des Inhalts in diesem Abschnitte dem Nicolaus (in Gemeinschaft mit Strabon) zuerkannt.[1]) Denn der Ausdruck *περὶ τῆς Π. καὶ Γ. στρατείας* umfasst alles dort Erzählte mit Ausnahme von XIV., 1 und 2, 1. Diese Capitel wird aber Niemand von der folgenden Erzählung trennen wollen, bis auf den Bericht von dem Schicksal des frommen Onias (XIV., 2, 1), der sofort seinen anderweitigen Ursprung verrät. Hier taucht wieder eine ähnliche einheimische Quelle auf, wie wir sie in dem letzten Teil des XIII. Buches benutzt sahen.[2]) Die Erzählung selbst lässt sich noch in der talmudischen Ueberlieferung nachweisen;[3]) ihre Hineinfügung in die Darstellung ist offenbar ein Verdienst des Josephus — wenn anders die Mitteilung dieser Legende ein Ver-

---

[1]) Die Uebereinstimmung zwischen dem Bericht der Archäologie und Strabon lässt sich mit Hülfe seiner Geographie noch für einzelne Angaben nachweisen. Ich darf hierüber kurz sein, da das Nötige bei Bloch pag. 105 zusammengestellt ist.

[2]) Vgl. oben pag. 40 ff.

[3]) Vgl. Grätz, Gesch. der Juden III., pag. 479 (note 16). Derenbourg, Essai sur l'histoire et la géogr. de Palestine pag. 113.

dienst zu nennen ist.[1]) Abgesehen von diesem Zusatz kann Josephus den Bericht der Quelle nur unwesentlich geändert haben. Von der Abstammung des Antipater (XIV., 1, 2) lässt es sich bestimmt sagen; doch brauchen wir hier eine andere schriftliche Quelle nicht anzunehmen. Ausserdem wird er einzelne Ausdrücke seinem Standpuncte entsprechend geändert haben, wie XIV., 1, 4 *οὐ διέλιπεν* (Antipater) . . . *πλαττόμενος καὶ διαβάλλων τὸν Ἀριστόβουλον*, was schwerlich im Nicolaus so gestanden haben wird.

Endlich ergiebt sich die erste Hälfte von XIV., 4, 5 als eigenes Raisonnement des Josephus.

II. Antipater bis zu seinem Tode (A. J. XIV., 7, 1—XIV., 11, 4), mit Ausnahme der Urkunden (XIV., 8, 5 u. 6, 10, 2—26).[2])

Es fehlt in diesem Abschnitt an jeder äusseren Beglaubigung für seine Herstammung. Wir sind daher ganz und gar auf innere Gründe angewiesen. Sie ergeben unzweifelhaft Nicolaus als Quelle. Soweit die Darstellung den Antipater betrifft, ist sie diesem so günstig, wie wir es von dem Historiographen seines Sohnes erwarten dürfen; günstig nicht etwa allein in der Beurteilung seines Verhältnisses zu den römischen Machthabern, mit denen das jüdische Gemeinwesen in damaliger Zeit in Verbindung kam, sondern, was für unsere Frage entscheidend ist, auch in seinem Verhältnis zum Hyrkan. Bei dem Standpunct, welchen Josephus den Idumäern gegenüber einnimmt, überrascht es nicht wenig, wenn wir bei ihm XIV., 9, 2 lesen, dass Antipater trotz seiner glänzenden Machtstellung *οὐδὲν τῆς πρὸς Ὑρκανὸν εὐνοίας καὶ πίστεως παρέβη*, oder wenn nach der Erzählung von seiner Ermordung (11, 4) er gerühmt wird als *εὐσεβείᾳ καὶ δικαιοσύνῃ διενεγκὼν καὶ τῇ περὶ τὴν πατρίδα σπουδῇ*. Man sieht, Josephus hat selbst die Characteristik des Mannes aus seiner Quelle un-

---

[1]) Dass in der Erzählung selbst bei Josephus nicht Alles in Ordnung ist, hat auch Grätz bemerkt. Entgangen scheint ihm zu sein, dass Anfang und Ende nicht mit einander stimmen; Josephus will die göttliche Strafe für die *ὠμότης* der Hyrkanisten gegen Onias erzählen, endet aber schliesslich mit der Strafe, welche die Belagerer für die bei der Lieferung der Opfertiere verübten Spitzbübereien erhielten.

[2]) In Betreff der Urkunden und Decrete bei Josephus verweise ich auf B. Niese, Hermes XI. pag. 466 ff., dessen Ansicht ich mich anschliesse.

verändert herübergenommen. Ebenso ist die Darstellung seinen Söhnen günstig, deren erstes Auftreten in diesem Abschnitt berichtet wird.

Nur in einem Puncte lässt sich noch nachweisen, dass Josephus sich zu einer Aenderung seiner Quelle gegenüber veranlasst gesehen hat.

In der Darstellung des Nicolaus hat nämlich Antipater offenbar ebenso den Mittelpunct eingenommen, wie er es thatsächlich in der jüdischen Geschichte damaliger Zeit that. Der Hasmonäer war neben ihm nur eine Schattengestalt; seiner wird daher Nicolaus nur selten Erwähnung gethan haben. Die Zurücksetzung, welche Hyrkan dadurch erlitt, konnte dem Josephus, in dessen Augen er als Hohepriester der einzig wahre Repräsentant und Mittelpunct der jüdischen Nation war, nicht gefallen. Diesem Umstande verdanken wir die Erhaltung zweier Fragmente aus Strabon (XIV., 8, 3), mit deren Hülfe Josephus die persönliche Teilnahme des Hohenpriesters an dem Feldzuge in Aegypten zu beweisen sucht. Hier haben wir, wenn es sich auch nicht um die Person des Herodes handelt, ohne Zweifel einen von den Fällen, an die Josephus gedacht hat, als er in seiner Polemik gegen Nicolaus ihm Entstellung der Thatsachen vorwarf. Eine Berechtigung aber zu diesem Vorwurf können wir ihm hier ebensowenig zugestehen, wie bei der Plünderung des Davidgrabes (pag. 94). Es kann keinem Zweifel unterliegen, dass Antipater die Seele des ganzen Unternehmens gewesen ist. Wenn also Nicolaus an seinen Namen die Erzählung des Ereignisses knüpfte, so that er ganz Recht, selbst wenn Hyrkan wirklich das Heer nach Aegypten begleitete.[1])

[1]) Entschieden wird diese im Uebrigen gleichgiltige Frage auch durch Strabons Zeugnis nicht. Ihm als Ausländer musste Hyrkan als der Repräsentant des jüdischen Volkes erscheinen; der Feldzug nach Aegypten konnte daher von ihm als ein Unternehmen Hyrkans bezeichnet werden, selbst wenn dieser ruhig in Jerusalem blieb. Das erste Fragment *μετὰ δὲ τὸ τὸν Μιθριδάτην εἰσβαλεῖν εἰς τὴν Αἴγυπτον καὶ Ὑρκανὸν τὸν τῶν Ἰουδαίων ἀρχιερέα* beweis't daher garnichts. — In dem zweiten würden die Worte *κοινωνῆσαι δὲ τῆς στρατείας καὶ Ὑρκανὸν τὸν ἀρχιερέα* allerdings auf eine persönliche Teilnahme hindeuten. Aber das ganze Citat ist in indirekter Rede angeführt und daher wenig zuverlässig.

Dass die Absicht, den Hyrkan mehr hervortreten zu lassen, Josephus noch zu anderen Aenderungen veranlasst habe, lässt sich nicht nachweisen.

Auch von der einheimischen Quelle zeigen sich, wie ich glaube, in diesem Abschnitt an zwei Stellen Spuren. An der einen (XIV., 7, 1; Erzählung vom Eleazar, bei Gelegenheit des Tempelraubes durch Crassus) ist es allerdings mehr ein subjektives Gefühl, welches mich veranlasst, die ganze Geschichte ihr zu überweisen.[1]) An der anderen Stelle lässt sich vielleicht der Beweis liefern; ich meine die Gerichtsverhandlung gegen Herodes wegen der eigenmächtigen Hinrichtung des Räubers Ezekias (XIV., 9, 3 u. 4). Hyrkan lässt sich von den Gegnern der Idumäer überreden, den Herodes vor Gericht zu ziehen. Dieser stellt sich in Jerusalem, für alle Fälle begleitet von einer bewaffneten Schaar. Zu gleicher Zeit schreibt aber auch sein Gönner Sextus Cäsar an Hyrkan, er möge für die Freisprechung des Angeklagten sorgen, »*προσαπειλῶν παρακούσαντι. Τῷ δὲ* (Hyrkan) *ἦν ἀφορμὴ καὶ τὰ παρὰ τοῦ Σέξτου γράμματα πρὸς τὸ μηδὲν ἐκ τοῦ συνεδρίου παθόντα ἀπολῦσαι Ἡρώδην· ἠγάπα γὰρ αὐτὸν ὡς υἱόν.* Man sollte denken, damit wäre die Geschichte zu Ende; aber weitgefehlt: sie spinnt sich noch eine ganze Seite lang weiter und endet damit, dass Hyrkan dem Angeklagten zur Flucht verhilft. Ich vermute, die Darstellung des Nicolaus schliesst vor den Worten *ἠγάπα γὰρ αὐτὸν ὡς υἱόν* und beginnt wieder bei *καὶ ὁ μὲν ἀνεχώρησεν* (9, 5); gerade so, wie B. J. I., 10, 7 das Ereignis dargestellt wird. Was dazwischen liegt, hat Josephus aus einer einheimischen Quelle entnommen, um seinen Lesern den Beweis von der prophetischen Gabe des frommen Schemaia nicht vorzuenthalten.

---

[1]) Auch diese Geschichte ist merkwürdig. Man bedenke nur: Crassus droht die Tempelschätze zu rauben; um wenigstens die übrigen zu retten, giebt der Priester Eleazar ihm als *λύτρον* einen goldenen Balken *πολλῶν ὄντα μυριάδων ἄξιον.* Dieser Balken hatte eine unscheinbare Umhüllung von Holz; Eleazar allein wusste von diesem Geheimnis — weshalb in aller Welt wählte er nun gerade diesen Schatz zum *λύτρον*? weshalb rettete er nicht wenigstens ihn, indem er das Geheimnis für sich behielt? Denn Crassus nahm natürlich trotz seines Eides nicht allein den Balken, sondern auch alle übrigen Schätze.

Auch von dieser Erzählung sind Spuren in der talmudischen Ueberlieferung nachgewiesen.[1])

Schliesslich knüpft sich an die Erwähnung der Plünderung des Tempels durch Crassus eine Digression über den Reichtum des Tempels im Allgemeinen; um ihn zu beweisen, werden zwei Citate aus Strabon angeführt.[2])

III. Herodes' Kampf mit dem Hasmonäer Antigonus. Einnahme von Jerusalem durch Herodes und Sosius (A. J. XIV., 11, 4 bis zum Schluss des Buches).

Die Erzählung ist aus e i n e m Gusse; weder von der einheimischen Quelle noch von irgend einer anderen lässt sich eine Spur nachweisen. Sie bleibt, wie in der vorhergehenden Partie, den Idumäern durchaus günstig. Es zeigt sich dies namentlich in dem Kampfe mit dem Hasmonäer, für den der Verfasser offenbar keine Sympathie gehabt hat. Um so mehr tritt die Anerkennung der Tüchtigkeit hervor, welche Herodes im Glück und Unglück bewies. Vor Allem ist zu beachten, wie das Streben, Zeugnis von seinem Edelmut selbst gegen die ihm feindlichen Juden abzulegen, hervortritt[3]), gegenüber der Grausamkeit, die der Hasmonäer Antigonus gegen den gefangenen Phasael (13, 10) beweis't.

---

[1]) Vgl. Grätz a. a. O. n. 17, pag. 482. Derenbourg a. a. O. pag. 147.

[2]) Wunderbar ist auch hier die Art und Weise, in der es geschieht. Josephus will beweisen, dass der Reichtum des Tempels in Jerusalem nicht *ἀμάρτυρος* sei. Das geschieht mit Strabons Worten: *πέμψας δὲ Μιθριδάτης εἰς Κῶ ἔλαβε τὰ χρήματα ἅπερ ἔθετο ἐκεῖ Κλεοπάτρα ἡ βασίλισσα, καὶ τὰ τῶν Ἰουδαίων ὀκτακόσια τάλαντα.* Und nun beweis't er plötzlich mit triftigen Gründen, dass in diesen Worten von dem Reichtum des jerusalem. Tempels nicht die Rede sein könne: *οὐ γὰρ εἰκὸς τοὺς ἐν τῇ Ἰουδαίᾳ, πόλιν τε ὀχυρὰν ἔχοντες καὶ τὸν ναόν, πέμπειν χρήματα εἰς Κῶ;* es müssten vielmehr die kleinasiatischen Juden gemeint sein. — In dem zweiten Fragment ist davon, dass der Tempel reich oder auch nur, dass die Juden in der Diaspora tempelsteuerpflichtig gewesen seien, gar nicht die Rede. Es hätte höchstens als ein Zeugniss für die grosse Verbreitung der Juden schon zu damaliger Zeit angeführt werden können.

[3]) Als Antonius die Ankläger des Herodes töten wollte, *παρῃτήσαντο οἱ περὶ Ἡρώδην* (13, 1); in einem ähnlichen Fall giebt er ihnen den Rat, sich schleunigst zu entfernen (13, 2); bei dem Kampfe gegen die Räuber in den Höhlen sucht er den ‚Alten' vergebens von seinem blutigen Beginnen abzuhalten *δεξιάν τε προτείνων καὶ πᾶσιν ἄδειαν* (15, 5); bei der Erstürmung Jerusalems versucht er mit Wort und That Alles, um dem Gemetzel ein Ende zu machen (16, 2 u. 3).

Ebenso bildet die εὐψυχία, mit der der Letztere durch Selbstmord der schimpflichen Hinrichtung zuvorkommt, einen krassen Gegensatz zu der erniedrigenden Feigheit, welche der Hasmonäer bei der Einnahme Jerusalems zeigt (16, 2 fin.). Nicht weniger ist darauf Gewicht zu legen, dass die θεοῦ πρόνοια zu wiederholten Malen das Leben des Herodes und der Seinigen vor drohenden Gefahren schützt: Das Dach eines Hauses stürzt ein, ohne ihn zu verletzen (15, 11 ἐνταῦθα ἴδοι ἄν τις τοῦ βασιλέως τὴν ἐκ θεοῦ πρόνοιαν); allein mit einem Diener im Bade entgeht er feindlichen Kriegern, die sich dort versteckt haben, κατὰ θεοῦ πρόνοιαν (15, 13); in dem Momente, wo seine in Medaba belagerten Angehörigen in Folge von Wassermangel der Verzweiflung nahe sind, wird ihnen ἐκ θεοῦ τῆς προνοίας reichlicher Regen gesandt (14, 6).

Es ist mir nicht zweifelhaft, dass diese Partie fast vollständig aus Nicolaus herübergenommen ist. Und selbst diese Beschränkung ist nur deshalb notwendig, weil einzelne unbedeutende Zusätze auch hier, wie früher, von Josephus herzurühren scheinen. Ich meine Aeusserungen wie: τοῦτον μὲν οὖν τὸν νεανίσκον (Aristobulus) Ἡρώδης ἀπέκτεινεν, ὡς κατὰ καιρὸν δηλώσομεν (14, 5), und ähnliche, die für die Erzählung ohne Bedeutung sind.

Das XIV[te] Buch schliesst mit einer Preisung der Hasmonäer, die offenbar aus Josephus eigener Feder stammt. Vorher berichtet er die Hinrichtung des Antigonus, welche veranlasst zu haben er geradezu dem Herodes Schuld giebt. Dabei entgeht es ihm ganz, dass er gleich darauf im Anfang des XV. Buches eine abweichende Erzählung über dasselbe Ereignis giebt. Offenbar hat er sich die Stelle aus Strabon nicht entgehen lassen wollen. Ueber die Verwendung solcher Parallelstellen aus anderen Historikern scheint er aber eigentümliche Ansichten gehabt zu haben.

Bei der bunten Fülle der Ereignisse, welche im XV.—XVII. Buch erzählt werden, scheint es angemessen, zunächst diejenigen gesondert zu betrachten, welche sich auf die Stellung des Herodes nach Aussen beziehen. Dahin gehören die Berichte über sein Verhältnis zur Cleopatra, zum Antonius und Augustus, und über die kriegerischen Verwickelungen mit den Arabern.

IV. Cleopatra, Antonius, Herodes. Der Krieg mit den Arabern (XV., 4, 4—5. 5). Augustus und Herodes (XV., 6, 1. 6. 7.)

Gefährlicher als die Waffen des Antigonus drohten dem Könige die Habsucht und Ländergier der Cleopatra zu werden. Es begreift sich, dass er gegen diese neue Gegnerin keine freundschaftliche Gesinnung gehegt hat, und es ist selbstverständlich, dass die Darstellung seines Historiographen denselben Standpunct ihr gegenüber einnahm. Auch in dem Bericht des Josephus kommt die Königin, wie sie es verdient hat, schlecht weg. Von dieser Seite steht also nichts im Wege, seinen Ursprung auf Nicolaus zurückzuführen. Aber es wird wohl wenige ausländische Quellen gegeben haben, welche die Cleopatra anders beurteilten. Eine Verstärkung der Beweismomente bleibt daher wünschenswert. Das Einzige, was ich dafür anführen kann, ist die Ausführlichkeit der Erzählung, die auf einen Verfasser hindeutet, welcher in die damaligen politischen Vorgänge eingeweiht war.[1]) Im Uebrigen muss ich mich darauf beschränken, zu bemerken, dass ich in dem Bericht nichts gefunden habe, was seine Abstammung aus Nicolaus unwahrscheinlich machen könnte.

Ganz dasselbe gilt von dem Kriege mit den Arabern und von der ersten Zusammenkunft des Königs mit dem Sieger von Actium. Beide Ereignisse sind anschaulich und lebhaft erzählt und daher im höchsten Grade anziehend. Auch sie verraten die Hand eines Mannes, welcher den Vorgängen und den handelnden Personen nahe stand. Die Gelegenheit, die Tüchtigkeit des Herodes ins rechte Licht zu stellen, welche gerade diese Ereignisse ihrer Natur nach in vorzüglich hohem Masse bieten mussten, ist ausgiebig benutzt; trotzdem ist die Erzählung in einem Ton gehalten, welcher den Eindruck der Wahrheit auf den Leser zu machen nicht verfehlt.

Wir sind damit bei dem Punct angelangt, wo unsere Untersuchung zu der Darstellung der Familienereignisse übergeht. Die bisherige Analyse der flavianischen Erzählung bestätigt vollkommen das Ergebniss, welches wir auf Grund allgemeiner Erwägungen

---

[1]) vgl. namentlich XV., 4, 2.

oben für wahrscheinlich hielten. Der weitaus grösste Teil stammt aus Nicolaus; ein Paar Citate aus Strabon, in uncritischer Weise benutzt, einige Legenden aus einheimischen Quellen, an geschichtlichem Wert unbedeutend, hier und da ein Versuch, die Darstellung der Quelle zu modificieren, teils in Folge des Einflusses der einheimischen Quelle, teils seines subjectiven Urteils, und daher in allen Fällen für uns ebenso verdächtig, wie Nicolaus' Bericht es Josephus war: das ist Alles, was er anführen könnte, wenn er über die Erfüllung seiner Versicherung, er wolle *καθαρῶς καὶ δικαίως ἐκτιθέναι τὰς πράξεις*, Rechenschaft ablegen sollte.

V. Die Familienereignisse.

Der Tod des Hyrkan (B. J. I., 22, 1 (sehr kurz) = A. J. XV., 2, 1—4; 6, 1—4); Aristobulus (B. J. ibid. 2 = A. J. XV., 2, 4—7; 3, 2. 3); Mariamme (B. J. ibid. 2—5 = A. J. XV., 3, 4—9; 6, 5; 7, 1—7); Alexander und Aristobulus (B. J. I., 23, 1—7, 7 = A. J. 16, 3, 1—11, 8); Antipater (B. J. I., 28, 1 — 33, 7 = A. J. XVII., 1, 1 — 7, 7).

a. Der Tod des Hyrkan.

Ich habe schon oben zu beweisen versucht, dass der Bericht zum grössten Teil aus Nicolaus entlehnt ist.[1]) Hier nur noch einige Worte über eine Stelle, welche einen interessanten Beweis giebt, wie Josephus „gearbeitet" hat.

Seit der Wegführung durch Antigonus lebte Hyrkan bei den Parthern, von den dortigen Juden „geehrt wie ein Hohepriester und König." Aber er hatte Sehnsucht nach seinem Vaterlande, und trotz des Abratens seiner Freunde setzte er es durch, dass die Parther und Herodes in seine Rückkehr einwilligten. So wird diese XV., 2, 1 u. 2 motiviert. Daneben scheint es eine andere Version gegeben zu haben, welche seine Heimkehr durch Herodes veranlasst sein liess; dieser habe Hyrkan dazu überredet, habe auch durch eine Gesandtschaft und reiche Geschenke die Einwilligung des Partherkönigs zu erlangen gewusst — natürlich, weil er schon damals plante ihn aus dem Wege zu schaffen. So wird, um die

---

[1]) Vgl. pag. 96.

Schuld des Königs zu vergrössern, die Sache in den ihm feindlichen Berichten dargestellt sein.

Josephus hat es für das Beste gehalten, beide Versionen zu geben. Und so platzen denn im Anfang des 3ten Capitels (καὶ γράφων ὁ Ἡρώδης u. s. w.) beide Berichte aufeinander. Bis zu den Worten πόθον εἶχεν ἀπιέναι geht die dem Herodes günstige Darstellung, d. h. der Bericht des Nicolaus;[1]) die feindliche Quelle wird deutlich characterisiert durch den Zusatz: ἦν δὲ οὐκ ἐντεῦθεν ἡ σπουδή, διὰ δὲ τὸ μὴ κατ' ἀξίαν αὐτὸς ἄρχειν ἐδεδοίκει τὰς ἐξ εὐλόγων μεταβολάς, καὶ τὸν Ὑρκανὸν ὑποχείριον ἔχειν ἔσπευδεν, ἢ καὶ παντάπασιν ἐκποδὼν ποιήσασθαι· τοῦτο γὰρ ἔπραξεν ἐν ὑστέρῳ.

b. Die Hinrichtung Mariammes.

Wie hat Nicolaus dies Ereignis dargestellt?

Wir würden zur Beantwortung dieser Frage jedes festen Anhaltspunctes entbehren, wenn nicht glücklicherweise Josephus selbst an einer Stelle uns Andeutungen über die Erzählung, wie er sie im Nicolaus vorfand, gegeben hätte. In der schon mehrfach erwähnten Strafpredigt (A. J. XVI, 7, 1) begründet er sein absprechendes Urteil über Nicolaus mit den Worten: ὅς γε καὶ τὸν Μαριάμμης θάνατον καὶ τῶν παίδων αὐτῆς οὕτως ὠμῶς τῷ βασιλεῖ πεπραγμένον εἰς εὐπρέπειαν ἀνάγειν βουλόμενος ἐκείνης τε ἀσέλγειαν καὶ τῶν νεανίσκων ἐπιβουλὰς καταψεύδεται. Beachtet man, in welchem Zusammenhange diese Aeusserung gethan wird, so scheint jede Möglichkeit der Benutzung des Nicolaus für diese Partie vollständig ausgeschlossen zu sein. Aber die Erfahrungen, die wir bisher mit Josephus gemacht haben, zwingen uns, seinen Worten gegenüber vorsichtig zu sein. Wie sehr das auch hier geboten ist, ergiebt eine Prüfung der Darstellung, die er selbst von jenem Ereignis gegeben hat.

---

[1]) Hyrkan, geistig unfähig, körperlich verstümmelt, konnte, solange er ruhig und zufrieden bei den Parthern weilte, dem Könige in keiner Weise gefährlich werden. Nur in Jerusalem, in den Händen und unter der Leitung einer feindlichen Partei, war er zu fürchten. Es ist nicht wahrscheinlich, dass die Initiative zu seiner Heimkehr von Herodes ausgegangen sei. Die Darstellung des Nicol. scheint daher die richtige zu sein.

Da zeigt es sich nämlich, dass unter den Motiven, welche den König zur Hinrichtung seiner Gemahlin veranlassten, es ebenfalls ihre *ἀσέλγεια* ist, die den ersten Platz einnimmt. Allerdings tritt sie in der Erzählung nicht als erwiesene Schuld, sondern nur als ein durch das Zusammentreffen verschiedener Umstände in dem Könige geweckter und genährter Verdacht hervor. Seine Eifersucht wird zuerst erregt[1]) durch die Bemühungen der Alexandra, eine Verbindung zwischen Antonius und Mariamme herzustellen, um durch die Macht ihrer Schönheit diesen für ihre ehrgeizigen Pläne günstig zu stimmen.[2]) Herodes Liebe zu seinem Weibe ist so gross, dass er ihren Besitz selbst nach seinem Tode keinem Anderen gönnt. Wie er zum Antonius reis't, ungewiss, welchem Schicksale er entgegengehe, übergiebt er sie seinem Schwager Joseph zur Bewachung, mit dem Befehle *εἴ τι πάθοι παρ' Ἀντωνίῳ παραχρῆμα καὶ τὴν Μαριάμμην ἀνελεῖν.* Bei seiner Rückkehr hinterbringt ihm Salome, dass Mariamme fortwährend mit Joseph verkehrt habe: *εὐθὺς μὲν ἐξετετάρακτο καὶ τὴν ζηλοτυπίαν οὐκ ἔφερεν* (A. J. XV., 3, 9). Diese selbst verrät ihm ihre Kenntnis von den Aufträgen, welche er bei seiner Abreise Joseph hinterlassen hat; er sieht darin ein *περιφανὲς φώριον τῆς τοῦ Ἰωσήπου πρὸς αὐτὴν κοινωνίας.* Kaum entgeht Mariamme dem Tode, mit welchem Joseph seine Unvorsichtigkeit büsst. — Nach der Schlacht bei Actium wiederholt sich der Vorgang. In der Gunst des Augustus befestigt, kehrt Herodes heim: er findet sein Weib kalt und abstossend; durch eine Intrigue, welche Salome veranstaltet, wird in ihm der Verdacht rege, Mariamme plane seine Vergiftung. Zu gleicher Zeit entdeckt er, dass auch Soemos, dem er seine Gemahlin mit ähnlichen Aufträgen anvertraut hat, wie bei seiner früheren Reise zum Antonius, der Königin das Geheimnis verraten hat. Das giebt den Ausschlag: *οὐκ ἂν ἔφη Σόεμον, πιστότατον ὄντα τὸν ἄλλον χρόνον αὐτῷ τε καὶ τῇ βασι-*

---

[1]) A. J. XV., 3, 5: *τὸ δὲ σύμπαν ἐνέφαινεν ὁρμὴν Ἀντωνίου περὶ τὴν ἄνθρωπον, ὅτι καὶ πάλαι παρακηκοὼς ὑπὲρ τῆς εὐμορφίας ἐτύγχανεν.*

[2]) A. J. XV., 3, 7: Alexandra hoffte *τεύξεσθαι παντός, τὴν Μαριάμμην Ἀντωνίου θεασαμένου, δι' οὗ καὶ τὴν ἀρχὴν ἀναλήψεσθαι καὶ μηδενὸς ὑστερήσειν ὧν εἰκὸς τοῖς ἐν εὐγενείᾳ βασιλικῇ γεγονόσιν.* Vgl. XV., 2, 6.

λείᾳ, καταπροδοῦναι τὰς ἐντολάς, εἰ μὴ καὶ περαιτέρω προεληλύθει τῆς πρὸς τὴν Μαριάμμην κοινωνίας. Mariamme wird zum Tode verurteilt und hingerichtet.

Der Verdacht der *ἀσέλγεια* ist es also offenbar auch in der Erzählung des Josephus, welcher die Katastrophe herbeiführt. Nach der Art, wie er sich über Nicolaus auslässt, müssten wir eine ganz andere Darstellung erwarten; die Unschuld der Mariamme, die Schuld des Königs, müsste viel mehr betont sein, wenn die Erzählung in bewusster Opposition gegen Nicolaus geschrieben wäre. In der Gestalt, wie sie jetzt in der Archäologie vorliegt, ist sie dem Herodes geradezu günstig. Auf ihn fällt die Schuld nicht; vergebens sucht man nach einer Stelle, aus der dies hervorginge; sie fällt in erster Linie auf den wunderbaren Charakter der Königin, in zweiter Linie auf die Intriguen der Alexandra und der Salome; Herodes ist das Opfer der ihn umgebenden Gesellschaft. Das Gemälde, welches uns von dieser entworfen, oder vielmehr bis ins kleinste Detail hinein ausgeführt wird, verrät die Hand eines Mannes, der mitten in ihrem Getriebe gestanden und scharf beobachtet hat. Die Charaktere der handelnden Personen sind mit psychologischer Wahrheit geschildert: auf der einen Seite der anmassende Stolz der Glieder des alten Herrscherhauses, der die Ansprüche der Familie des neuen Herrn auf Gleichberechtigung schroff zurückweis't; auf der anderen Seite der bis zu persönlichen Beschimpfungen und Verläumdungen gehende Hass der Idumäerinnen; endlich, scheinbar über ihnen, in Wirklichkeit aber in Folge seines Misstrauens und seiner leidenschaftlichen Liebe zu seinem schönen Weibe ein Spiel Beider, der König. Ich wage die Behauptung: So kann nur Nicolaus geschildert haben.[1])

[1]) Bei der Gerichtsverhandlung gegen Mariamne erzählt Josephus (A. J. XV., 7, 4): *διενεχθείσης δὲ της γνώμης ὑπεγένετο μέν τι καὶ τοιοῦτον αὐτῷ τε καί τισι τῶν παρόντων, μὴ προπετῶς οὕτως ἀναιρεῖν, καταθέσθαι δὲ εἰς ἕν τι τῶν ἐν τῇ βασιλείᾳ φρουρίων.* Der Leser wird hierbei unwillkührlich erinnert an eine ähnliche Bemerkung, welche sich in der Erzählung über die Verurteilung des Alexander und Aristobul findet: *κἀκεῖθεν μὲν εὐθὺς Ἡρώδης ἧκεν ἄγων αὐτοὺς* (seine Söhne) *εἰς Τύρον, καὶ τοῦ γε Νικολάου πλεύσαντος ὡς αὐτὸν ἐκ τῆς Ῥώμης ἐνταυθάνετο, προδιηγησάμενος τὰ ἐν Βηρυτῷ, ἥντινα ἔχοιεν γνώμην περὶ τῶν παίδων αὐτοῦ καὶ οἱ ἐν τῇ Ῥώμῃ αὐτοῦ φίλοι.*

Auf ihn führe ich daher unbedenklich die Erzählung von der Hinrichtung Mariammes zurück. Es bestätigt sich also auch hier wieder die Beobachtung, die wir schon wiederholt gemacht haben: Josephus räsonniert und polemisiert gegen seine Quelle, schreibt sie aber trotzdem ganz ruhig aus.[1])

Von einer Nebenquelle habe ich, abgesehen von dem, worauf ich in der Anmerkung hingewiesen habe, keine Spur entdecken können. Die Schlussworte (XV., 7, 6) scheinen das Einzige zu sein, was Josephus seiner Quelle hinzugesetzt hat; ich glaube, wir dürfen sagen: Glücklicherweise das Einzige!

κἀκεῖνος εἶπεν ὅτι δοκεῖ μὲν ἀσεβῆ εἶναι τὰ ἐκείνοις περὶ σὲ ἐγνωσμένα, χρῆναι μέντοι αὐτοὺς καθείρξαντα δεσμώτας φυλάττειν. „καὶ εἰ μὲν ἑτέρως σοι δοκοίη κολάζειν αὐτούς, μὴ φαίνοιο ὀργῇ τὸ πλέον ἢ γνώμῃ κεχρῆσθαι· εἰ δὲ τἀναντία ἀπολύειν, μὴ ἀνεπανόρθωτον εἴη σοι τὸ ἀτύχημα. τὰ αὐτὰ δὲ δοκεῖ καὶ ἐν Ῥώμῃ τοῖς πλείστοις τῶν σῶν φίλων.", womit die Angabe in der Vita Frgm. 5 (Müll. III., pag. 352) stimmt: *καταπλεύσαντι δὲ Νικολάῳ περὶ τῶν γεγονότων ἀπήγγελλε, καὶ σύμβουλον ἐποιεῖτο. ὁ δὲ παρῄνεσεν αὐτῷ ἀποθέσθαι αὐτοὺς ἔν τινι τῶν ἐρυμάτων, ἄχρις ἂν ἐν τῷ πλέονι χρόνῳ βουλεύσαιτο περὶ αὐτῶν ἄμεινον, μὴ δοκοίη ὑπ' ὀργῆς προαχθεὶς ἀνήκεστόν τι γνῶναι περὶ τῶν ἀναγκαίων.* Es scheint mir wahrscheinlich, dass wir auch an der ersten Stelle bei den Worten *τίσι τῶν παρόντων* an Nicolaus zu denken haben.

[1]) Es ist auffallend, wie gleichmässig die Vorgänge verlaufen, welche sich an die beiden Reisen des Königs zum Antonius und Augustus knüpfen (A. J. XV., 3, 5—7. 9 u. XV., 6, 5. 7, 1—4). Beide Male lässt er seine Gemahlin unter der Obhut eines Vertrauten zurück, mit dem Befehle sie zu töten, wenn ihm selbst etwas zustossen würde; beide Male teilen die Wächter in wohlgemeinter Absicht ihr das Geheimnis mit; der König kehrt heim, erfährt es, vermutet grössere Vertraulichkeit und lässt die Schuldigen hinrichten. Selbst auf detaillirtere Züge erstreckt sich dieser Parallelismus; ja, sogar der Name des Josephus, dem das erste Mal die Bewachung der Königin anvertraut wird, erscheint am Anfang des zweiten Berichtes (XV., 6, 5: *Ἰώσηπον τὸν ταμίαν καὶ τὸν Ἰτουραῖον Σόεμον ἐπ' αὐτῷ (τῷ φρουρίῳ) καταλιπών, πιστοτάτους μὲν ἐξ ἀρχῆς γενομένους αὐτῷ, τότε δὲ προφάσει τιμῆς φρουρεῖν ἀπολειφθέντας*), und dies ist um so auffallender, als in der weiteren Erzählung von diesem Manne gar nicht mehr die Rede ist. Dazu kommt, dass im Polemos der zweite Bericht gänzlich fehlt (I., 22, 4. 5): Hiernach tötet Herodes den Joseph sowohl als auch Mariamme gleich nach seiner Rückkehr vom Antonius. Man möchte glauben, dass der Doppelbericht in der Archäologie auf ein und dasselbe Ereignis sich beziehe; Josephus fand den zweiten Bericht vielleicht in einer Nebenquelle, hielt ihn in Folge der abweichenden Angabe des Namens Soemos für verschieden von demjenigen seiner Hauptquelle und knüpfte ihn, um sich nichts entgehen zu lassen, an die Reise des Herodes zum Augustus an.

c. Aristobul und Alexander.

Je weiter wir in unserer Untersuchung vorrücken, desto sicherer kann der Nachweis geliefert werden, dass die Darstellung des Josephus beinahe vollständig aus Nicolaus geschöpft ist. Wir sind jetzt nicht mehr ausschliesslich auf innere Gründe angewiesen, sondern erhalten durch die Vita Nicolai bestimmte Anhaltspuncte, um die Art und Weise festzustellen, wie die Ereignisse in den Historien dargestellt worden sind, welche zur Hinrichtung der Söhne führten. Ausser der Vita[1]) sind noch folgende Stellen der Archäologie von Wichtigkeit:

1. A. J. XVI., 7, 1: (Nicolaus) *τὸν Μαριάμμης θάνατον καὶ τῶν παίδων αὐτῆς . . . εἰς εὐπρέπειαν ἀνάγειν βουλόμενος . . . τῶν νεανίσκων ἐπιβουλὰς καταψεύδεται κτλ.*

2. A. J. XVII., 5, 5: Josephus teilt hier die Rede mit, in welcher Nicolaus als Vertreter des Herodes den Antipater vor Varus anklagte. Ohne Zweifel hat er sie aus den Historien herübergenommen.[2]) Sie enthält mehrfache Angaben über die Katastrophe der beiden Söhne, auf die Nicolaus näher eingehen musste, da sie herbeigeführt zu haben einen Teil der Anklage bildete, die gegen Antipater erhoben wurde. Wir erhalten auf diese Weise Kunde von der offiziellen Darstellung des Herganges und da es nicht denkbar ist, dass Nicolaus in seiner eigentlichen Erzählung davon abgewichen sei und so sich in Widersprüche mit den Angaben seiner Anklagerede verwickelt habe, so dürfen wir den Inhalt seiner Rede benutzen, um uns ein Bild von der verlornen Erzählung in den Historien zu machen.

Mit Hülfe dieser Anhaltspuncte lässt sich mit Bestimmtheit nachweisen, dass Nicolaus den Hergang gar nicht anders dargestellt haben kann, als es in der Erzählung des Josephus geschieht.

---

[1]) Frgm. 5, Müll. III., pag. 350.

[2]) A. J. XII., 3, 2 erwähnt Josephus den Process der Ionier gegen die Juden. Er verweis't dort auf die ausführliche Darstellung des Nicol. im 123. u. 124. Buch der Historien. A. J. XVI., 2, 3 giebt er dann selbst einen eingehenden Bericht, in welchem er auch die Rede des Nicolaus mitteilt, offenbar entnommen aus den genannten Büchern. Auf dieselbe Quelle sind daher auch die anderen Reden, welche er von Nicolaus mitteilt, zurückzuführen.

Zunächst giebt uns die Vita in einer Weise, die an der Richtigkeit der Angabe keinen Zweifel entstehen lässt, die Nachricht, dass zwischen dem Kanzler des Herodes und dem Antipater grimmige Feindschaft geherrscht hat; der letztere hat offenbar im Nicolaus ein Hindernis für die Verwirklichung. seiner ruchlosen Pläne gesehen.[1]) Dem Antipater wird daher auch in der Vita die Schuld an dem Untergange seiner Stiefbrüder beigemessen. *Ἡρώδου ὁ οἶκος ἐταράχθη. τοῦ πρεσβυτάτου τῶν υἱέων τοὺς μετ' αὐτὸν δύο διαβαλόντος ὡς ἐπιβουλεύοντας τῷ πατρί;* ja, er wird geradezu als ihr Mörder bezeichnet, *ἀνελὼν τοὺς ἀδελφούς*. In der Anklage (XVII., 5, 5) wird allerdings die Frage als unentschieden dargestellt, ob er ihren Tod herbeigeführt habe, weil er wirklich davon überzeugt gewesen sei, dass dem Vater von ihnen Gefahr drohe, oder ob er durch Lug und Trug ihre Beseitigung bewerkstelligt habe, um seine hochgehenden Pläne ausführen zu können. Dies geschicht aber, weil die Rücksicht auf die Anwesenheit des Vaters es gebot. Der Redner lässt auch deütlich durchblicken, welche Ueberzeugung er habe: *εἰ δὲ μή γε, σὺ χείρων ἧς κρυπτὸν δόλον κατὰ τοῦ πατρὸς συντιθείς, ἐκείνους μὲν οὐχ ὡς τῷ πατρὶ ἐπιβεβουλευκότας μισῶν (οὐ γὰρ ἂν ἐξώκειλας αὐτὸς ἐπὶ πρᾶξιν παραπλησίαν), ἀλλ' ὡς διαδόχους τῆς ἡγεμονίας σου δικαιότερον ἂν γενομένους.*

Ganz denselben Standpunct nimmt nun die Erzählung in der Archäologie ein. Von seinem ersten Auftreten an (XVI., 3, 3) erscheint Antipater in erster Linie als der Urheber allen Unheils, von welchem die Familie des Königs betroffen wird. Unterstützt wird er in der Ausführung seiner ruchlosen Pläne durch die grauenvollen Zustände, die innerhalb der königlichen Familie herrschten: ein Kampf des Einzelnen gegen seine Umgebung und Aller zusammen gegen die Söhne Mariamme's. Unter der Maske der Kindesliebe erweckt er in dem Vater den Verdacht gegen

[1]) Vita Frgm. 5: *αἰσθόμενος δὲ τοῦτο Ἀντίπατρος τόν τε Νικόλαον ὑπέβλεπε . . .* und *ἐχθρὸν ἡγεῖτο Ἀντίπατρος Νικόλαον.*

[2]) Nicol. will ausserdem, um dem Angeklagten keinen Ausweg offen zu lassen, darthun, dass selbst im ersteren Falle seine Schuld gross sei, da er *μηδὲ τὰς τύχας τῶν ἀδελφῶν* als ein Hindernis angesehen habe *πρὸς τὸ οὐ μιμητὴν αὐτῶν καταστῆναι.*

seine Brüder; selbst während seiner Abwesenheit in Rom weiss er durch geschickte Intriguen denselben fortwährend zu schüren; Umstände, welche ausserhalb seiner Berechnung liegen, kommen ihm zu Hülfe,[1]) bis endlich der König, von allen Seiten gehetzt,[2]) durch einen gewaltsamen Schlag sich zu befreien sucht. Allerdings werden auch Alexander und Aristobul nicht von aller Schuld freigesprochen. Jugendlicher Trotz, Unbesonnenheit in Wort und That sind ihre Hauptfehler und zugleich die beste Unterstützung für ihre Gegner. Am schuldlosesten erscheint, wie bei Mariammes Hinrichtung, der König. Es ist auch ganz dieselbe Tendenz in der Darstellung, wie dort; ich glaube, sie nicht kürzer und treffender bezeichnen zu können als mit den Worten, die ich schon oben gebraucht habe: Herodes ist das Opfer seiner Umgebung. Auch im Uebrigen kann ich nur wiederholen, was ich oben ausgeführt habe, um die Erzählung von dem Ende Mariammes auf Nicolaus zurückzuführen: Das Treiben der Personen und der Coterien am Hofe wird mit einer solchen Anschaulichkeit und Treue geschildert, dass wir den Verfasser nur in einem Manne suchen können, der am Hofe selbst lebte und dort eine Stellung einnahm, in welcher er die Vorgänge in den höheren Kreisen genau beobachten konnte.

Es ist nicht möglich, dies durch den Abdruck einzelner Belegstellen hier zu beweisen. Ich muss den Gesammteindruck der Darstellung auf den Leser wirken lassen; er wird, wie ich überzeugt bin, meine Ansicht bestätigen, dass die Erzählung aus den Historien herübergenommen ist. Wie vortrefflich hierzu die Hinweisung auf das 123. und 124. Buch (A. J. XII., 3, 2) und die ausführliche Darstellung der persönlichen Thätigkeit des Nicolaus passt, bedarf nur der Erwähnung.

Wie stimmt aber hierzu Josephus' Behauptung, Nicolaus habe „Nachstellungen den Jünglingen angedichtet“ und dadurch die Wahrheit zu Gunsten des Herodes entstellt?

---

[1]) Ich erinnere an die Folgen, welche der Besuch des spartanischen Abenteurers Eurycles hat (A. J. XVI., 10, 1).

[2]) A. J. XVI., 7, 3: *διέλειπε δὲ οὐκ ἔσθ' ἥτις ἡμέρα οὐδ' ὥρα καθ' ἣν ἀτρεμεῖν αὐτῷ* (dem Herodes) *συνέβαινεν, ἀλλ' ἀεί τι προσέπιπτε καινὸν ἀγώνισμα τῶν συγγενῶν καὶ φιλτάτων εἰς ἀλλήλους πεποιημένων.*

Nehmen wir den Ausdruck *καταψεύδεται ἐπιβουλὰς τῶν νεανίσκων* genau, so liegt allerdings etwas in ihm, was sich mit der Erzählung der Archäologie nicht vereinen lässt. Von *ἐπιβουλαί* der Söhne ist dort vielfach die Rede; aber nirgends lesen wir, dass sie auf Grund erwiesener Schuld zum Tode verurteilt seien,[1]) und so etwas scheint doch in dem Ausdruck des Josephus angedeutet zu werden. Hier ist unverkennbar eine Schwierigkeit; ich glaube aber nicht, dass sie an unserem Resultat etwas ändern kann. Es ist nicht anders anzunehmen, als dass Josephus' Behauptung unrichtig ist; auf falschem Verständnis kann sie nicht gut beruhen: es bleibt daher nichts Anderes übrig als anzunehmen, dass er im Eifer der Polemik sich habe zu Aeusserungen hinreissen lassen, welche eine Uebertreibung enthalten. Nicolaus kann nicht von erwiesenen *ἐπιβουλαί* gesprochen haben: das ist ganz und gar unvereinbar mit dem Zeugnis der Vita und mit dem Inhalt der Rede gegen Antipater.

Die ferneren Schicksale des Antipater (XVII., 1, 1) hängen eng mit der vorhergehenden Erzählung zusammen. Eine Trennung ist hier unmöglich. Schon dies würde genügen, um die Darstellung auf Nicolaus zurückzuführen. Ein Vergleich mit der Vita entfernt vollends jeden Zweifel.[2])

Von einer Nebenquelle sind im XV. und XVI. Buch nur wenige Spuren zu bemerken. Von der angeblichen Plünderung des

---

[1]) Dass man an Alexander's Geständnis, von dem A. J. XVI., 8, 5 erzählt wird, nicht denken darf, ergiebt sich aus dem Zusammenhang.

[2]) Den Nachweis im Einzelnen kann ich mir hier ersparen; ich verweise auf die Anmerkungen Müllers zur Vita, in denen er auf die Uebereinstimmung mit den Parallelstellen in der Archäologie aufmerksam macht. Die vereinzelten Abweichungen führt er selbst richtig auf die verkürzte Form zurück, in der uns die Vita überliefert ist. Das *μιαρόν*, welches Antipater *εἰς τὸν οἶκον Καίσαρος* angestiftet haben soll (Müll. III., p. 352 n. 14), bezieht sich doch wohl darauf, dass er die Akte, die kaiserliche Freigelassene, in seine verbrecherischen Pläne hineinzog (vgl. A. J. XVII., 5, 7 und 8: (*Ἀντίπατρον*) *μὴ μόνον αὐτῷ ἀλλὰ καὶ τῇ ἀδελφῇ ἐπιβεβουλευκότα καὶ τοῦ Καίσαρος διεφθαρκότα τὴν οἰκίαν*); wenn dies in der Vita als *πολὺ μεῖζον τῶν εἰς τὸ γένος παρανομημάτων* bezeichnet wird, so ist das offenbar vom Standpuncte eines Hofmannes gesprochen, der darin ein directes Vergehen gegen die maiestas des Kaisers erblickte.

davidischen Grabes habe ich schon oben gesprochen.[1]) Wenig wahrscheinlich scheint es, dass eins der letzten Ereignisse vor dem Tode des Herodes aus Nicolaus genommen ist; ich meine die Einschliessung vornehmer Juden in den Hippodrom, mit dem Befehle, sie im Augenblicke seines Todes niedermetzeln zu lassen (A. J. XVII., 6, 5). Der Befehl wird nicht ausgeführt; Salome und Alexas lassen die Gefangenen nach dem Hinscheiden des Königs frei. Die ganze Geschichte wird daher wohl eine spätere Erfindung sein — ähnlich, wie die Grabplünderung. Die Hand des Josephus verrät sich durch die geschwätzige Breite der Erzählung, die sich allenthalben zeigt, wo er eigenen Gedanken Ausdruck giebt; sie verrät sich auch durch die pathetischen Phrasen, mit denen er schliesslich sein Urteil über Herodes abgiebt: »κατανοήσειε δ' ἄν τις τὴν διάνοιαν τοῦ ἀνθρώπου, καὶ ὅτῳ τὰ πρότερα ἤρεσκεν, ὡς ὑπὸ τοῦ φιλοζωεῖν πράξειε τὰ εἰς τοὺς συγγενεῖς πεπραγμένα, ἐκ γοῦν τῶν ἄρτι ἐντολῶν οὐδὲν ἀνθρώπειον εἰσφερομένην, εἴ γε καὶ ἐρημίᾳ τῶν φιλτάτων τὸ πᾶν καταστήσειεν ἔθνος, ἕνα ἀπὸ ἑκάστου οἴκου κελεύων μεταχειρίσαι κτλ.

Ebenso glaube ich ihm die anderen Stellen zuschreiben zu müssen, an denen er ausserhalb des Rahmens der Erzählung eine Characteristik des Königs zu geben versucht. Und wenn er A. J. XVI., 1, 1 von dem strengen Gesetz gegen die τοιχώρυχοι berichtet und daran wieder die gewöhnlichen Phrasen von ὑπερηφανία, ὠμότης u. dgl. knüpft, weil die sicherlich segensreiche Massregel den mosaischen Satzungen zuwiderlief, so werden wir auch für diese Bemerkungen ihm die Verantwortung überlassen müssen; die Thatsache selbst kann sehr gut zusammen mit der übrigen Erzählung aus Nicolaus genommen sein.

d. Der Tod des Aristobul: A. J. XV., 2, 4 — 7; 3, 1 — 3. B. J. I., 22, 2 (sehr kurz, aber in Uebereinstimmung mit der Archäologie.)

Die Untersuchung über Aristobuls Tod habe ich bis hierher aufgeschoben — unter den »Verbrechen« des Herodes nimmt er der Zeit nach die erste Stelle ein —, weil dieses Ereignis so ganz

[1]) Vgl. pag. 95.

verschieden von den übrigen in der Archäologie dargestellt worden ist. Der Hergang ist kurz folgender: Herodes überträgt die Hohepriesterwürde an Ananel. Dadurch erregt er die Erbitterung Alexandras, der Mutter des jungen Aristobul, welche die Würde für diesen beansprucht. Durch Verbindung mit Cleopatra und Antonius sucht sie ihre Ansprüche durchzusetzen. Herodes giebt endlich nach, teils bewogen durch Mariammes Bitten, teils *συμφέρειν αὐτῷ κρίνων ἵνα μηδ' ἀποδημῆσαι δυνατὸν ᾖ* (dem Aristobul) *τετιμημένῳ.* Aber Alexandra strebt nach Höherem: um sich und ihren Sohn der Gewalt des Herodes zu entziehen, plant sie eine Flucht nach Aegypten; Cleopatra giebt ihre Zustimmung. Die Flüchtlinge werden auf der That ertappt. Aus Furcht vor Cleopatra wagt Herodes nicht sie zu bestrafen: *προύκειτο μέντοι παντάπασιν αὐτῷ τὸ μειράκιον ἐκποδὼν ποιεῖσθαι.* Das wird ausgeführt: Aristobul wird in Jericho im Bade erstickt.

Hier erscheint Herodes als der reine Mörder. Es kann daher zum wenigsten nicht der Tod selbst in dieser Weise von Nicolaus erzählt worden sein. Allerdings fehlt uns jede Andeutung darüber, wie wir uns seine Darstellung zu denken haben[1]); aber dass sie wesentlich anders gelautet hat als die des Josephus, unterliegt keinem Zweifel. Es ist möglich, dass Josephus nur über den Vorgang in Jericho den Bericht seiner Quelle durch eine andere Version ersetzt hat — die vorhergehende Erzählung enthält, abgesehen von kleinen Zusätzen[2]), Nichts, was gegen Nicolaus' Benutzung spricht —, aber dann müssten sich doch Spuren

---

[1]) Es ist doch wohl wenig wahrscheinlich, dass Nicolaus den Tod des Aristobul ganz mit Stillschweigen übergangen habe. Sonst könnte man vermuten dass das *μόνον ἁπτόμενος τῶν εὔκλειαν φερόντων* (A. J. XVI., 7, 1) darauf sich beziehe. Da er jedenfalls beim Baden eingetreten zu sein scheint, so liegt es am nächsten zu vermuten, dass er als reiner Unglücksfall dargestellt sein wird. — Merkwürdig ist es übrigens, dass an der genannten Stelle, wo Josephus gegen Nicolaus polemisiert, dies Ereignis, bei welchem wir am allerehesten Entstellung durch Nicolaus und demnach einen Vorwurf von Seiten Josephus' erwarten sollten, von ihm gar nicht erwähnt wird.

[2]) Z. B. was 3, 1 von den Hohenpriestern erzählt wird.

von der Verarbeitung der beiden Quellen nachweisen lassen: das ist mir nicht gelungen.[1])

Ich glaube nicht, dass hier eine sichere Entscheidung möglich ist. Man wird sich mit dem negativen Resultat zufrieden geben müssen, dass wenigstens XV., 3, 5 nicht aus Nicolaus stammt.

Ich fasse das Ergebnis meiner Untersuchung über das Verhältnis des Josephus zu Nicolaus von Damaskus noch einmal kurz zusammen.

Die Benutzung der Historien als Hauptquelle beginnt mit dem Anfang des XIV. Buches der Archäologie und erstreckt sich über die folgenden Bücher bis XVII., 13, 2.

Neben dieser Hauptquelle, aber in ganz untergeordnetem Masse, sind benutzt worden Strabons Historien und eine einheimische, auf der Tradition beruhende Quelle.

Die Benutzung der Ersteren beschränkt sich auf diejenigen Stellen, an denen Strabon citiert wird. Aus der Letzteren sind Erzählungen teils in Nicolaus' Darstellung hineingefügt, teils an ihre Stelle gesetzt.

Ausserdem hat Josephus noch an einigen Stellen den Bericht des Nicolaus durch eigenes Räsonnement unterbrochen, welches, seinem Standpuncte entsprechend, eine ungünstige Beurteilung der Handlungen und des Charakters des Königs zeigt. Consequent durchgeführt ist dies Verfahren aber nicht.

Darauf beschränkt sich die verbessernde und ergänzende Thätigkeit, deren Josephus in seiner Polemik gegen Nicolaus sich rühmt.

Im Zusammenhange mit unserer Untersuchung hat sich für die Abfassungszeit der Historien des Nicolaus mit Wahrscheinlichkeit ergeben, dass sie für einen grosen Teil der herodeischen Zeit nach dem Tode des Königs falle.

---

[1]) Höchstens könnte auf Unsicherheit in der Ueberlieferung und damit auf mündliche Tradition der Umstand hinweisen, dass im Polemos Galatische Söldner den Mord ausführen, während in der Archäologie von *φίλων, οἷς ταῦτα ἐπιτέτακτο* die Rede ist.

Nachtrag.

Die Memoiren des Herodes.

Die Ergebnisse unserer Untersuchung über das Verhältnis des Josephus zum Nicolaus von Damaskus weichen nicht unwesentlich von den Resultaten ab, zu welchen Bloch in seiner mehrfach genannten Schrift gelangt ist. Die Gründe, welche mich veranlassen, die letzteren für gänzlich verfehlt zu halten, habe ich im Lit. Central-Blatt 1879, Nr. 41 nur andeuten können; hier mag eine eingehendere Kritik am Platze sein.

Bloch stimmt mit mir darin überein, dass Nicolaus bis zum XIV. Buch der Altertümer nur gelegentlich benutzt sei, dass er aber von da an Hauptquelle werde.

Ich habe nachzuweisen versucht, dass innerhalb der Bb. XIV bis XVII der weitaus grösste Teil auf ihn — und zwar auf seine Historien — zurückgehe. Was sich ausserdem dort findet — die Citate aus Strabons Historien, Bruchstücke einer einheimischen Quelle, Räsonnements des Josephus — ist nach meiner Meinung ihm gegenüber dem Umfange und Inhalte nach verschwindend klein.

Zu anderen Ergebnissen ist Bloch gelangt.

»Für die Geschichte des Herodes jedoch, über die Josephus »so genau unterrichtet war, dass er mit der grössten Ausführlich»keit und Weitläufigkeit bei diesem Könige verweilt, war zum »grossen Teil Nicolaus Hauptquelle, wenn auch nicht die »alleinige Hauptquelle; denn für einen Teil schöpfte »er, wie zu zeigen sein wird, aus den Memoiren Hero»des des Grossen, *ὑπομνήματα τοῦ βασιλέως Ἡρώδου* »A, J. XV., 6, 3, und daneben noch aus anderen Be»richten, die sich nicht näher bezeichnen lassen, da

»in ganz unbestimmten Ausdrücken auf sie verwiesen »wird.[1])» (pag. 107.)

Aber auch die Benutzung des Nicolaus teilt sich wieder in die der Historien und der Selbst-Biographie: »A. J. XVI., 10, 1 erzählt Josephus, Nicolaus von Damascus sei von Herodes nach Rom geschickt worden; ib. 10, 7 werden die Reisebegebenheiten dieses Gesandten angeführt; ibid. 11, 3 wird von dessen Rückreise gesprochen; XVII., 5, 4 ff. von Nicolaus' Vertretung des Herodes, als er von seinen Söhnen bei Varus angeklagt wurde;[2]) alle diese Nachrichten betreffen Nicolaus' Lebensthätigkeit selbst, sie haben also wahrscheinlich ihre Stelle in der Vita des Damasceners gefunden, aus der sie Josephus in seine Antiquitäten herüber genommen hat.« (pag. 111.)

Historien, Vita und Memoiren würden sich danach, abgesehen von etwaigen Quellen zweiten Ranges, in die Erzählung der Archäologie zu teilen haben.

Ich will zunächst von den Memoiren sprechen.

Die Annahme ihrer Benutzung beruht auf einer besonderen Interpretation der Worte, mit denen Josephus A. J. XV., 6. 3 den Bericht über Hyrkans Hinrichtung schliesst: *ταῦτα δὲ γράφομεν ἡμεῖς ὡς ἐν τοῖς ὑπομνήμασι τοῖς τοῦ βασιλέως Ἡρώδου περιείχετο.*

Ich habe es oben [3]) als »unzweifelhaft« bezeichnet, dass Müllers Annahme, das Citat sei aus der Quelle herübergenommen

---

[1]) Gemeint sind damit Stellen wie A. J. XIV., 13, 10 *λέγουσι δ' ὡς . .;* XV., 6, 3 . . . *τοῖς δ' ἄλλοις οὐ κατὰ ταῦτα συμφωνεῖ;* XVI., 5, 4 . . . *νομίζουσι γενέσθαι.* Wer diese Stellen im Zusammenhange prüft, für den kann es nicht zweifelhaft sein, dass das *λέγουσιν* u. *νομίζουσιν* schon der Quelle angehört hat und aus ihr von Jos. herübergenommen ist; von der 2ten Stelle spreche ich oben ausführlicher. Bloch's Kritik scheint die Möglichkeit gar nicht zu kennen, dass Citate und Quellenandeutungen ebenso gut wie ganze Erzählungen von einem Schriftsteller in den anderen übergehen können.

[2]) Soll wohl heissen: „Als Herodes seinen Sohn (den Antipater) vor Varus verklagte?"

[3]) Vgl. pag. 96.

und das Subject ἡμεῖς bezeichne demnach Nicolaus, richtig sei.[1]) Aus Bloch sehe ich, dass ich das allzu zuversichtlich behauptet habe; eine genaue Prüfung der Stelle ist also geboten.

Es ist eine doppelte Auffassung möglich: entweder stammen die in Rede stehenden Worte von Josephus her oder nicht. Nehmen wir das Erstere an, so liegt die Sache folgendermassen: Josephus hat den Bericht von dem Tode Hyrkans aus den Hypomnemata genommen und ihnen die anderen Quellen, welche ihm zu Gebote standen, gegenübergestellt. Wie wenig wahrscheinlich ein solches Verfahren ist, liegt auf der Hand. Hatte Josephus wirklich die Wahl zwischen verschiedenen Darstellungen, so lässt sich doch Nichts mit grösserer Sicherheit behaupten, als dass er diejenige ganz bei Seite gelassen haben würde, welche mit seinem Urteil über Herodes und mit seiner Auffassung der Geschichte jener Zeit nicht übereinstimmte. Wenigstens hätte er sie nicht zu seiner Hauptquelle erwählt, sondern höchstens ihren Inhalt kurz angeführt, um die Verlogenheit und Frechheit des Nicolaus oder der offiziellen Geschichtsschreibung überhaupt von Neuem zu beweisen. Dazu wäre hier eine passende Gelegenheit gewesen, wie nur je; und daraus, dass sie nicht benutzt ist, scheint mir zur Genüge hervorzugehen, dass Blochs Auffassung nicht richtig sein kann.

Dies ist aber keineswegs die einzige Stelle, an der die Memoiren benutzt sein sollen. Die Flucht des Herodes vor den Parthern aus Jerusalem (A. J. XIV., 13, 7), seine Reise nach Rom

---

[1]) Müllers Worte (III., pag. 420 n. 92) lauten: Quae non ita sunt intellegenda ut commentarios ab ipso rege de rebus suis in publicum editos a Josepho inspectos esse putemus; nam neque aliunde de eis constat nec omnino probabile est scribendis eis operam dedisse regem multis ad mortem usque negotiis districtum cuique Nicolaus ἱστοριογράφος praesto adesset. Verum hic ipse Nicolaus ut fidem dictis suis conciliaret ad regiarum chartarum testimonia provocasse censendus est. Unerfindlich ist es mir, wie Bloch pag. 141 behaupten kann, Müller habe angenommen, dass Nicol. unter dem Dictate Herodes des Grossen die in Rede stehenden Memoiren niedergeschrieben habe.

[2]) Dass die ὑπομνήματα τοῦ βασιλέως Ἡρώδου identisch sein könnten mit den Historien des Nicolaus, ist eine Vermutung, die Bloch nach meiner Meinung p. 142 mit Recht zurückweis't.

zum Antonius, die Intriguen Alexandras und ihr Fluchtversuch (A. J. XV., 2, 5 ff.), die ganze Erzählung, welche Mariamme zum Mittelpunct hat, werden von Bloch pag. 142 ff. besprochen, und jede Besprechung schliesst mit dem Refrain: »Es sind dies so rechte Memoirennotizen« oder ähnlich. Ich glaube, mit besserem Rechte können wir sagen: Das sind alles Sachen, die in einer ausführlichen Darstellung der herodeischen Zeit nicht fehlen durften, die aber namentlich in Nicolaus' Werk, in dem Werke des Freundes, des vertrauten Ratgebers, des Hofmannes gar nicht anders erzählt werden konnten.

Um aber der ganzen Vermutung von der Benutzung der Memoiren allen Grund und Boden zu entziehen, bedarf es nur folgender höchst einfachen Schlussfolgerung. Josephus wirft Nicolaus vor, er habe Vieles aus Schonung für Herodes übergangen, Anderes zu seinem Gunsten entstellt. Wenn diese Erkenntnis überhaupt irgend einen Einfluss auf seine Quellenbenutzung gehabt hat, so kann er doch nur darin bestanden haben, dass Josephus an die Stelle des Nicolaus eine Darstellung setzte, welche den nach seiner Meinung richtigen Standpunct einnahm, d. h. dem Herodes principiell ungünstig war. Josephus müsste toll gewesen sein, wenn er eine solche in den Memoiren des Königs zu finden erwartete, ganz gleichgiltig, ob diese vom Herodes selbst oder in seinem Auftrage von einem Hofbeamten geschrieben waren.

Jede weitere Untersuchung darüber, ob wir den Hypomnemata diejenige Ausführlichkeit zuschreiben dürfen, welche Bloch voraussetzt, ist darnach überflüssig. Sie würde auch erfolglos sein, so lange die Stelle in der Archäologie die einzige ist, welche ihrer Erwähnung thut.

Und wie steht es nun mit der Benutzung der Vita?

Ausser den auf pag. 111 angeführten Ereignissen werden auch noch die Verhandlungen vor Augustus über die Nachfolge, bei welchen Nicolaus als Anwalt des Archelaus auftritt, auf seine Biographie zurückgeführt. Es scheint demnach, als ob der Verfasser ihr alle Erzählungen überweisen wolle, in denen die Persönlichkeit des Kanzlers den Mittelpunct bildet. Dies Verfahren verdient ohne Zweifel Missbilligung. Bloch scheint nicht bedacht zu haben, dass es sich in allen diesen Fällen um Angelegenheiten des Herodes handelt, die notwendig ihre Stelle in den Historien gefunden haben müssen. Ausserdem verweis't uns ja Josephus für den Process der klein-asiatischen Juden ausdrücklich auf die Historien. Damit ist es ja unzweifelhaft erwiesen, dass sie Nicolaus' Thätigkeit im Dienste des Königs ausführlich berichteten. Aus welchem Grunde sollten wir nun für die anderen ganz ähnlichen Berichte eine von ihnen verschiedene Quelle annehmen? Solange wir mit den Historien auskommen, muss es als uncritisch bezeichnet werden die Benutzung der Vita anzunehmen, zumal da sie mit keinem einzigen Wort von Josephus erwähnt wird.

Ist denn überhaupt die Annahme einer zweiten Hauptquelle neben den Historien notwendig?

»Allein sämmtliche bei Josephus vorhandenen Nachrichten »über Herodes auf Nicolaus von Damaskus allein zurückzuführen, »wäre ein unrichtiges Verfahren; ganz gewichtige Gründe sprechen »dagegen, Bedenken von nicht zu leugnender Schwierigkeit »erheben sich gegen eine derartige Annahme.

»Wie wollte man es nämlich erklären, dass Josephus sich »zum Richter über Nicolaus' Darstellung aufwirft, dass er dem »Hofhistoriographen des Herodes mit so apodictischer Bestimmtheit »vorwirft, er habe Vieles absichtlich mit Stillschweigen übergangen »aus Schonung für Herodes, ferner, er habe die Thatsachen ent»stellt. Wie, so muss sich doch jeder denkende fragen, wäre es »denn zu erklären, falls wir Nicolaus allein als Quelle des Josephus »für diese Periode annehmen wollten, dass Josephus jene Vorwürfe »erheben kann? Was berechtigte ihn zu jener schweren An»schuldigung? Wie konnte er es sich herausnehmen, seinen Lehrer »meistern zu wollen? Er, der die ganze Wissenschaft von jener »Epoche Nicolaus verdanken soll, will jetzt besser unterrichtet »sein, er kann sagen, was jener verschwiegen, und was er ent»stellt bezeichnen?

»Wenn er es nun dennoch thut, wenn er dem Nicolaus »Unrichtigkeiten nachweist, Versäumnisse vorwirft, so muss er sich

»zuvor anderswo unterrichtet, muss er seine Kunde aus anderen »Quellen erweitert haben.«

Zu diesem Schluss muss notwendig kommen, wer Josephus Behauptungen und Versicherungen auf Treu und Glauben hinnimmt. Wir wollen seine Richtigkeit vorläufig einräumen. Was nun weiter? Ich glaube, Niemand wird die Richtigkeit folgender Schlussfolgerung bestreiten: Wenn Josephus die Fehler, welche er Nicolaus vorwirft, gut machen wollte, so musste die Quelle, welche er an seine Stelle setzte, eine für Herodes ungünstige sein. Woher hätte er sonst das Verschwiegene ergänzen können? Womit das Entstellte berichtigen? Nun ist und bleibt aber, wie wir oben in der Analyse seiner Erzählung nachgewiesen haben, seine Darstellung mit Ausnahme eines unbedeutenden Bruchteils dem Könige günstig. Also kann seine Polemik gegen Nicolaus auch nur für diesen kleinen Teil die Wahl einer anderen Quelle zur Folge gehabt haben, die wir dem Umfange ihrer Benutzung entsprechend nur als Nebenquelle bezeichnen dürfen.

Aber wie konnte Josephus solche Dinge behaupten, wenn sie nicht wahr waren? »Hätte er nicht befürchten müssen, es »könnten ihm aus der Mitte seines Leserkreises, den er sich »erst erwerben wollte, Gegner entstehen, die die Hohlheit seiner »Angriffe .... erweisen werden? Er konnte doch nicht denken, »es sei seinen Lesern für diese Quelle ebenso, wie für die »jüdischen, jede Kontrolle unmöglich; er könne, ohne für seine »Behauptungen Rede stehen zu müssen, auch Unrichtiges nieder»schreiben, Urteile fällen, gegen die es keine Appellation gebe, »da er der oberste Richter sei.«

»Des Nicolaus ἱστορία καθολική war den Lesern des Jo»sephus mindestens ebenso leicht verständlich wie dessen jüdische »Geschichte, er konnte darum erwarten, es werde Jemand seinen »Rückweisungen auf Nicolaus nachgehen, und unter solchen Um»ständen würde er sich wohl sicherlich gehütet haben, Aeusserun»gen, wie die angeführten, zu wagen, wenn sie nicht stichhaltig »gewesen wären.«

Ich bemerke hierzu folgendes: Der Verfasser bleibt uns den Beweis schuldig, dass zu der Zeit, wo Josepsus seine Archäologie veröffentlichte, in dem Leserkreise, für welchen sie bestimmt war, Nicolaus' Werk gekannt und gelesen wurde. Liegen doch um 80 Jahre zwischen dem Erscheinen beider Werke! Sollte es aber trotzdem Jemandem eingefallen sein, Josephus zur Verantwortung zu ziehen, so hätte der sich getrost auf das berufen können, was er aus seiner einheimischen Quelle hinzugesetzt, was er in Folge seines eigenen Urteils oder Vorurteils an der Darstellung der Historien geändert hat; er hätte auf die Plünderung des Davidgrabes hinweisen können, die Nicolaus „verschwieg", die **er** ans Licht brachte; auf die Abstammung des Herodes, dessen Vater Nicolaus *ἐκ τῶν πρώτων Ἰουδαίων τῶν ἐκ Βαβυλῶνος εἰς τὴν Ἰουδαίαν ἀφικομένων* hatte abstammen lassen, während Josephus ihn wieder zu einem Idumäer degradierte;[1]) auf die Beurteilung der Massregeln gegen die *τοιχώρυχοι,* auf den Tod Aristobuls, auf die beabsichtigte Hinschlachtung vornehmer Juden beim Hinscheiden des Königs. Und wenn das Alles seinen Richter noch nicht zufrieden gestellt hätte, so würde er sich wohl auch zu dem Geständnis bequemt haben, er sei in denselben Fehler verfallen, dessen sich schon mancher Sterbliche schuldig gemacht habe: er habe bei seinen Versicherungen und Behauptungen den Mund etwas vollgenommen.

Aber Bloch führt noch ein anderes Argument an: » . . . »wir werden die Darstellung von Herodes' Thaten in Nicolaus' »allgemeiner Geschichte nicht für so ausführlich halten dürfen »als die des Josephus und darum diesen noch aus anderen Quellen schöpfen lassen müssen.«

Die Behauptung überrascht. Bisher hat man geglaubt, annehmen zu müssen, dass Nicolaus für die herodeische Zeit eine Ausführlichkeit gezeigt habe, die nicht leicht durch irgend eine andere Darstellung übertroffen werden könnte. Blochs gegenteilige Ansicht stützt sich auf eine Untersuchung über die Oekonomie der Historien. Ich halte seiner Berechnung — die, wie alle solche Untersuchungen, sich auf einer sehr unsicheren Grundlage bewegt — nur folgende Thatsachen entgegen: Der Process der

---

[1]) A. J. XIII., 1, 2.

Juden und Jonier vor Agrippa, ein im Vergleich zu den übrigen Ereignissen der herodeischen Zeit doch recht geringfügiges Ereignis, war nach Josephus' bestimmter Aussage[1]) in zwei Büchern erzählt; muss das nicht recht ausführlich gewesen sein, selbst wenn die Urkundensammlung, wie Niese vermutet,[2]) dort ihren Platz hatte?

Und ferner: Der Process fällt in das Jahr 14 v. Chr.; er war erzählt in B. 123 u. 124. Das ganze Werk bestand aus 144 Büchern[3]): Es bleiben also noch fast zwanzig Bücher für die letzten 10 Regierungsjahre des Herodes. Sollte in denen nicht Platz genug für den ganzen Inhalt der zwei Bücher der Archäologie gewesen sein?

Blochs Untersuchung kann mich nicht veranlassen, irgend etwas an meiner Ansicht zu ändern.

---

[1]) A. J. XII., 3. 2.

[2]) Hermes Bd. XI., 480.

[3]) vgl. Müller III., pag. 345.

Bemerkung.

In Folge einer längeren Abwesenheit von Kiel habe ich den Inhalt der während der letzten beiden Jahre erschienenen Zeitschriften nicht vollständig verfolgen können. Erst während des Druckes der vorliegenden Untersuchung ist mir Em. Schürers Recension der Bloch'schen Schrift (Theologische Literaturzeitung Nr. 24, Sp. 564—72) bekannt geworden, sodass ich ihren Inhalt für meine Arbeit nicht mehr benutzen konnte.

Druck von Schmidt & Klaunig in Kiel.

Inhaltsverzeichnis.

Berichtigung.

Auf pag. 16, not. 1 ist zu lesen »vgl. unten pag. 101.«

www.ingramcontent.com/pod-product-compliance
Lightning Source LLC
Chambersburg PA
CBHW020754020726
47495CB00008B/2424

* 9 7 8 3 7 4 3 6 3 2 1 5 8 *